ORACIÓN DEL REINO

Libros de Tony Evans publicados por Portavoz:

30 días hacia la victoria a través del perdón
30 días para derribar fortalezas emocionales
30 días para superar los comportamientos adictivos
Alcanza la victoria financiera
¡Basta ya de excusas!
¡Cuidado con esa boca!
Discípulos del reino
El matrimonio sí importa
Nunca es demasiado tarde
Oración del reino
Oraciones para la victoria en la guerra espiritual
Oraciones para la victoria en tu matrimonio
El poder de la cruz
El poder de los nombres de Dios
El poder de los nombres de Dios en la oración
Solo para esposas
Solo para esposos
Sexo... una relación diseñada por Dios
Tu destino
Victoria en la guerra espiritual

TONY EVANS

ORACIÓN DEL REINO

Toquemos el cielo para cambiar la tierra

EDITORIAL PORTAVOZ

La misión de *Editorial Portavoz* consiste en proporcionar productos de calidad —con integridad y excelencia—, desde una perspectiva bíblica y confiable, que animen a las personas a conocer y servir a Jesucristo.

Título del original: *Kingdom Prayer,* © 2016 por Anthony T. Evans y publicado por Moody Publishers, 820 N. LaSalle Boulevard, Chicago, IL 60610. Traducido con permiso.

Traducción: Rosa Pugliese

Las cursivas añadidas en los versículos bíblicos son énfasis del autor.

EDITORIAL PORTAVOZ
2450 Oak Industrial Drive NE
Grand Rapids, Michigan 49505 USA
Visítenos en: www.portavoz.com

ISBN 978-0-8254-5815-6 (rústica)
ISBN 978-0-8254-6734-9 (Kindle)
ISBN 978-0-8254-7555-9 (epub)

1 2 3 4 5 edición / año 27 26 25 24 23 22 21 20 19 18

Impreso en los Estados Unidos de América
Printed in the United States of America

Contenido

Introducción

¿Por qué nos cuesta orar?

A decir verdad, la oración requiere mucho esfuerzo. Si bien todo cristiano serio reconoce la importancia que la Biblia otorga a la oración; a la mayoría le resulta difícil orar. Debo confesar que para mí, como pastor, es mucho más fácil predicar sobre la oración que dedicar la misma cantidad de tiempo a practicar la oración.

Como pastor, también sé que es mucho más fácil atraer a una multitud para escuchar un sermón especial o a un orador invitado o para algún otro programa, que para una reunión de oración. Incluso, cuando tenemos la determinación de orar, siempre aparecen distracciones. La mente deambula, la gente interrumpe y yo, como tú, a menudo me quedo dormido cuando empiezo a orar. Nos sentimos culpables, nos comprometemos a hacerlo mejor, pero después de un tiempo caemos en la misma antigua lucha con la falta de oración o las oraciones de rutina.

Esto, naturalmente, plantea una pregunta central: ¿por qué es tan difícil algo tan estratégico para la vida cristiana, nuestra relación con Dios y la victoria en la vida? La respuesta es que la oración nos conduce a un ámbito desconocido donde no sabemos cómo desenvolvernos. Pablo lo llama «lugares celestiales».

La oración es el vínculo de comunicación, que Dios ha dado, entre el cielo y la tierra, el tiempo y la eternidad, lo finito y lo infinito.

Debido a que el enemigo de nuestras almas sabe lo poco familiarizados que estamos con el reino espiritual y lo poco que nos desenvolvemos en él, también sabe que tendemos a volver rápidamente a lo que es cómodo para nuestros cinco sentidos. Después de todo, cuando oramos, estamos hablando con alguien a quien no podemos ver y que no nos responde de manera audible. Esto hace que algunos de nosotros sintamos como si de pronto nuestros pensamientos empezaran a divagar.

Sin embargo, cuando nos damos cuenta de que la oración es el medio divinamente autorizado para acceder al reino de los cielos y hacer que ese reino intervenga en las circunstancias de nuestra vida terrenal, nuestra percepción de la oración y nuestra persistencia en orar cambian. Defino la oración del reino como *el método divinamente autorizado para acceder a la autoridad celestial para una intervención terrenal.* La oración es el pase de acceso que Dios nos otorga para tener una audiencia personal con Él. Por lo tanto, puesto que el enemigo no quiere que hablemos con Dios, busca desviar nuestra creencia, confianza, determinación y práctica de la oración. La oración, como ninguna otra cosa, nos otorga la legítima autoridad de invocar el cielo en la tierra para que Dios intervenga en nuestras circunstancias.

Esto explica por qué Dios permite que nos sucedan cosas negativas que no podemos resolver, para que nos veamos obligados a orar ante la desesperación de nuestras circunstancias. Recordé esta verdad cuando vi la película *Cuarto de guerra*. Para salvar su matrimonio y su familia, Elizabeth Jordan (interpretada por Pricilla Shirer, mi hija) convirtió su clóset en un lugar para dedicarse y concentrarse en la oración. Se había dado cuenta de que solo el cielo podía resolver lo que la tierra no podía. Cuando realmente comprendemos que gran parte de la actividad de Dios en la tierra está determinada por la presencia o ausencia de oración, superar las distracciones es mucho más factible.

Mi objetivo con *Oración del reino* es volver a confrontarte con el poder y la autoridad que tenemos en la oración, pero que no estamos aprovechando, y motivarnos a ti y a mí a utilizar nuestro pase de acceso a nuestro Padre celestial para presentarle nuestras necesidades más profundas.

Así que te pido que me acompañes a invitar a Dios y darle permiso para efectuar una intervención terrenal; una intervención que es esencial si queremos experimentar la victoria en nuestra vida personal y familiar, en nuestras iglesias y comunidades.

PARTE 1

El concepto de la oración del reino

Capítulo 1

Poder y promesas

Hace algunos años, salí de vacaciones con mi familia para conocer una de las grandes maravillas del mundo. Ya habíamos visitado el Gran Cañón y nos habíamos admirado y maravillado del paisaje. Personalmente, no entendía muy bien por qué teníamos que ir hasta allí para ver un hoyo en el suelo; pero estaba en la lista de «destinos importantes de vacaciones en familia», entonces fuimos.

En estas vacaciones, fuimos a conocer otro hoyo en el suelo, o lo que parecía ser un hoyo desde arriba. Sin embargo, la diferencia era que este hoyo estaba lleno de una inmensa cantidad de agua. No necesité más que una mirada para entender por qué habíamos ido. La belleza era impresionante. No podía mirar hacia otro lado.

Las Cataratas del Niágara resultaron ser una gran aventura para nuestra familia; pero al pasar unos días allí, algo más me llamó la atención sobre la experiencia con respecto a la oración y nuestra experiencia con Dios.

Habíamos decidido pasar nuestras vacaciones del lado canadiense de las cataratas; de modo que la primera noche, cuando llegamos a la habitación del hotel, esa fue nuestra primera oportunidad de ver el gigantesco monumento tallado en forma de herradura, inundado por una continua cascada de agua que al caer llenaba de espuma la parte inferior. Nunca olvidaré la primera vez que miré por la ventana de nuestra habitación del hotel y quedé impresionado al ver la majestuosidad de esa maravilla natural. Parecía cercana. Parecía inmensa. Recuerdo estar de pie junto a la enorme ventana con mi familia y haber exclamado «¡guau!» mientras mirábamos con asombro. Todos estábamos impresionados por la majestuosidad que estaba frente a nosotros.

Sin embargo, ya era demasiado de noche para ir a ver de cerca las Cataratas del Niágara. De manera que desempacamos, cenamos algo y nos acostamos. A la mañana siguiente, Lois y yo despertamos a los niños y nos dirigimos hacia allí para tener una vista más cercana y espectacular. Salimos del hotel, bajamos hasta un andén y luego dimos un corto paseo en tranvía por un tramo de la ladera hasta llegar a un pequeño parque y zona de turistas en la parte superior de las cataratas.

Ahora bien, la vista desde nuestra habitación había sido espectacular. Sin quejas en absoluto. Pero la vista desde el área del parque, justo donde el agua golpeaba, literalmente, sobre los bordes de piedra y roca, era impresionante. No exclamé «¡guau!» como en la habitación del hotel. Esta vez, mientras estaba allí parado y observaba la inmensa cantidad de agua que caía del borde del lecho superior del lago, expresé varias veces mi asombro en voz alta. El estruendoso rugido del agua que golpeaba la cuenca era ininterrumpido. El arco iris pintado en el cielo brillaba sobre las cataratas, sin moverse, casi como un centinela en posición de servicio.

Nos quedamos allí impregnados por el constante sonido y el espectáculo de esa maravilla natural. Si has estado allí, sabes que también nos mojamos un poco con cada ráfaga de llovizna que volaba de un lado al otro y nos salpicaba.

Ver en persona las cataratas, lo bastante cerca como para sentir que podía extender la mano y tocarlas, evocó un profundo sentimiento de asombro dentro de mí. Pasaron las horas en lo que parecieron solo minutos.

Sin embargo, hay una tercera forma de experimentar las Cataratas del Niágara, una que disfrutan muchos turistas del lado estadounidense. Se llama *Maid of the Mist* [Sirvienta de la neblina], un magnífico barco que puedes abordar cerca del pie de las cataratas. Si has estado allí, sabrás que la palabra «neblina» es insuficiente. Cuando te subes a ese barco, no te salpicas. Te empapas por completo; pero ¡«Sirvienta del empape» no quedaría muy bien para comercializar el paseo en barco!

Todos reciben un impermeable antes de abordar. Esto es intencional, porque los dueños del barco saben que estás a punto de empaparte. En poco tiempo, el agua fría y penetrante, que acaba de caer cincuenta y siete metros desde los acantilados del Niágara, empapa a todos los que están a bordo. Los pasajeros del barco no solo ven las cataratas. No solo las escuchan. No solo se salpican con una ráfaga de llovizna. No, sino que se empapan mientras pasean en barco y ven el Niágara lo más cerca humanamente posible, sin tener que cruzar las cataratas en uno de esos barriles como muchos equilibristas arriesgados han intentado.

Cerca, más cerca, lo más cerca posible

Estas tres experiencias muy distintas que se ofrecen a los visitantes de las Cataratas del Niágara me recuerdan nuestra relación con la oración y nuestra experiencia con Dios. Algunos emprendemos nuestra vida de oración y nuestra experiencia relacional con Dios desde la habitación del hotel de nuestro corazón. Lo vemos a la distancia. Sí, estamos muy impresionados, pero realmente no conmovidos. Admiramos su obra desde lejos, pero luego nos distraemos fácilmente porque solo se trata de una imagen que vemos a través de una ventana. Podríamos expresar una palabra o dos, pero en poco tiempo nos damos vuelta para hacer otra cosa o simplemente nos aburrimos de la vista.

Luego, hay otros de nosotros que practicamos nuestra vida de oración desde el parque. Estamos más cerca. Perseveramos y nos quedamos un poco más, pero todavía estamos seguros detrás de las barreras de acero y rocas de nuestra propia voluntad y nuestra mente. No permitimos que la corriente llegue a nosotros ni nos dirija de ninguna manera. Sí, podemos sentir su presencia y escuchar su voz como respuestas que nos llegan en la brisa, pero luego hay otros momentos cuando nos distraemos fácilmente con los objetos de recuerdo que venden en la tienda turística o con los puestos de hamburguesas, helados y golosinas. En poco tiempo, nos alejamos de su presencia y entramos a la tienda.

Sin embargo, hay algunos que se niegan a conformarse con la ventana de una habitación de hotel o con una experiencia de oración en el parque. Estos son los que se ponen un impermeable, levantan un paraguas y se aventuran a entrar en la cuenca para acercarse lo más posible. Anhelan empaparse de la presencia de Dios. Empaparse de su pureza. Maravillarse ante su gloria. No solo ven el arco iris de sus promesas, sino que se mueven hacia la luz real de sus promesas. A veces pueden sentirse incómodos cuando el barco se tambalea o se empapan, pero vale la pena porque están teniendo una experiencia con Aquel que realmente es la voz en las aguas. Como escribe el salmista: «Voz de Jehová sobre las aguas; truena el Dios de gloria, Jehová sobre las muchas aguas» (Sal. 29:3). Esa es la voz que escuchas, conoces y sientes. Y con su voz viene su poder.

¿Sabías que las Cataratas del Niágara no solo son un espectáculo portentoso para contemplar? También son una fuente de energía, gran energía. De hecho, una cuarta parte de todo el estado de Nueva York, así como de Ontario, reciben energía eléctrica de estas cataratas. Las estaciones generadoras del Niagara producen energía hidroeléctrica suficiente para encender 24 millones de focos de luz de 100 vatios a la vez. No hay nada como las Cataratas del Niágara para ilustrar gráficamente un principio espiritual con respecto a la oración. Ambas cosas, las promesas (el arcoíris) y el poder (la inmensa energía hidroeléctrica) provienen de este lugar.

Sin embargo, depende de ti si te conformas con ver la postal o la foto de calendario de las Cataratas del Niágara o decides dar un paso más y hacer un viaje a un hotel cerca de las cataratas y mirar a través de la ventana. O podrías optar por caminar hasta el parque y pararte en el borde para ver más de cerca las cascadas de agua. *O* si decides ir hasta el final: ponte el impermeable, sube al barco y déjate empapar con el poder y las promesas de ese lugar.

Es tu decisión; pero aunque tú eres el que decides, no puedes elegir los resultados de esa decisión. La decisión en sí producirá los resultados. Si quieres todo el poder y las promesas de la presencia de Dios, tendrás que acercarte y profundizar en tu relación con Él.

Poder verdadero

Infinidad de personas ha estudiado, escrito, comentado y predicado sobre la oración de muchísimas maneras. Sin embargo, sigue siendo un elemento elusivo para la mayoría de nosotros.

En más de cuatro décadas de ministerio, he conocido solo a unos pocos que realmente parecen comprender y captar la idea de la oración. Para demasiadas personas, incluso para quienes siguen a Jesucristo, la oración es como el Himno Nacional antes de una competencia deportiva. Pone en marcha el juego, pero tiene poca o ninguna relevancia en lo que está sucediendo en el campo de juego. Es meramente un ejercicio de rutina.

Por ejemplo, cuando la mayoría de nosotros ora antes de comer, no utilizamos nuestra mente para hacerlo, porque siempre decimos las mismas cosas generales. O cuando muchos de nosotros oramos antes de acostarnos por la noche, simplemente recitamos una plegaria de bendición y protección con algunas palabras de gratitud por si acaso.

La oración se ha convertido en un hábito rutinario para demasiados cristianos.

Sin embargo, la oración es poderosa. La oración del reino es *el método divinamente autorizado para acceder a la autoridad celestial para una intervención terrenal.* Tal oración es el permiso que la tierra otorga al cielo para intervenir en la realidad que existe aquí abajo con la manifestación de la realidad espiritual que existe allá arriba. Esta es una definición que pocos realmente entienden. Dios está esperando que le permitamos participar en nuestras actividades y, sin embargo, debido a que tenemos libre albedrío, Él no interviene a la fuerza en nuestras circunstancias. En cambio, espera a que se lo pidamos; que hablemos con Él en oración.

Había una señora que hacía años vivía en una zona rural sin electricidad, hasta que finalmente la compañía eléctrica instaló el servicio donde vivía. Sin embargo, después de varios meses, la compañía eléctrica descubrió que el consumo de electricidad en la casa de esta mujer era muy bajo. Hicieron algunas pruebas y comprobaron que no había ninguna falla en el suministro de electricidad hasta la casa de esta mujer; sino que, al parecer, el consumo era muy bajo. Entonces, un representante decidió visitar su casa y preguntarle si había algún problema.

> *Dios no interviene a la fuerza en nuestras circunstancias. En cambio, espera a que se lo pidamos; que hablemos con Él en oración.*

—Señora, ¿está usando el servicio eléctrico que hemos conectado en su propiedad? —le preguntó.

—¡Oh, sí! —respondió ella—. Es muy útil.

—¿Puede explicarme cómo usa su nuevo servicio eléctrico?

—Bueno, es muy simple —dijo—. Cuando comienza a oscurecer, prendo las luces el tiempo suficiente para poder encender mis lámparas de keroseno y luego apago las luces nuevamente.

Estoy seguro de que estarás de acuerdo conmigo. Esta señora no entendía el funcionamiento del servicio eléctrico. Tenía electricidad, pero no la estaba aprovechando; no estaba usando toda la electricidad que estaba a su disposición. Lo mismo sucede con la oración. Para experimentar el máximo poder espiritual necesitamos entender cómo funciona la oración.

Cantamos canciones sobre el poder. Nuestras canciones nos recuerdan todo lo que Dios ha depositado en nosotros; sin embargo, muchos viven como si no tuvieran ningún poder. Ahora bien, ¿cómo puedes vivir en el poder de Dios y la oración? Comienza primero por conocer a Dios y tener una relación íntima con Él. Debes estar dispuesto a empaparte en el barco y dar un paseo por la cuenca de la presencia de Dios. No se trata de cuántos versículos de la Biblia has memorizado o de cuántos conceptos teológicos has aprendido. Ese aprendizaje académico tiene su lugar; pero conocer a Dios personalmente en oración es más que eso. Tener una relación íntima con Dios no es un concepto vago: es una conversación continua. Es una experiencia real que produce resultados.

Recibe poder antes de «desmayar»

Cuando experimentes a Dios como Él ha diseñado, recibirás poder en tus oraciones como nunca antes. El apóstol Pablo presenta este concepto cuando afirma en Efesios, mi libro favorito del Nuevo Testamento: «Por lo cual pido que no desmayéis» (3:13). «Desmayar» significa desanimarse, deprimirse y, finalmente, darse por vencido. Hoy hay mucho por lo que desmayar. Puede ser una situación financiera, una relación, un problema de salud, la pérdida del trabajo o una angustia emocional. Solo basta con mirar el noticiero vespertino para que nuestro corazón desmaye rápidamente.

Muchas cosas a nuestro alrededor hoy hablan de fatalidades, pesimismo y situaciones desdichadas. Como pastor, habitualmente me llaman para aconsejar a las personas. No hay una semana —y a menudo ni un día— que no hable con alguien que está a punto de rendirse.

Pablo debe haber escuchado muchos relatos similares. Y su preocupación por los creyentes de Éfeso —«santos» como él los llamaba (porque eran personas salvas)— era que no desmayaran. Esta preocupación llevó a Pablo a hacer una de las oraciones más significativas del Nuevo Testamento. Muchas veces, cuando estudiamos la Biblia, pasamos por alto esta oración para recibir poder que se encuentra en Efesios 3:14-19; sin embargo, creo que es uno de los modelos de oración más intuitivos y poderosos que encontramos.

Pablo ora por nuestro poder

En los versículos 14 y 15, Pablo escribe: «Por esta causa doblo mis rodillas ante el Padre de nuestro Señor Jesucristo, de quien toma nombre toda familia en los cielos y en la tierra». Ahora bien, debes saber que cuando la Biblia menciona que alguien se arrodilló, significa que ese tiempo de oración era en serio. Era una especie de plegaria en humillación.

Pablo continúa con esta poderosa oración para que Dios les «dé, conforme a las riquezas de su gloria, el ser fortalecidos con poder en el hombre interior por su Espíritu» (v. 16). Básicamente, Pablo le está pidiendo a Dios que les dé cierto poder a los creyentes de Éfeso. Sin embargo, ¿a qué tipo de poder se refiere Pablo? Se refiere a ser fortalecido con poder para no dejarte vencer por tus circunstancias. Está hablando de poder para lidiar con una situación desalentadora. Les está hablando a personas débiles que necesitan ser fortalecidos en medio de sus circunstancias.

No tienen poder para salir de esa situación ni de atravesarla por sí mismas. No pueden superar sus circunstancias, soportar el dolor o encontrar una respuesta. Se sienten tan impotentes que están desmayando. Ese es el contexto en el cual Pablo hace esta oración.

A través de esta oración, Pablo les dice a los efesios —y a ti y a mí— que la respuesta no está fuera de ellos. No está en que la situación cambie; sino que el poder de no desmayar es resultado de la obra del Espíritu *dentro* de ti.

Muchos de nosotros cuando desmayamos tratamos de cambiar la situación externa. No pensamos en cambiar nada en nuestro interior, donde puede producirse el verdadero cambio, pero esto solo nos frustra más. Y luego nos preguntamos por qué no tenemos poder y no pasa nada.

¿Alguna vez agarraste tu teléfono celular y te diste cuenta de que se había descargado? Se quedó sin carga eléctrica y ahora no puedes acceder a tus contactos ni hacer una llamada. No puedes llamar a nadie y nadie puede llamarte, porque no tiene carga eléctrica.

Cuando eso sucede, podríamos gritarle a nuestro teléfono y decir: «¡Vamos, que alguien me llame!», pero eso no cambiará nada. Podríamos presionar más fuerte la pantalla o sacudir el teléfono. Podríamos decirle algo agradable o mirarlo con nostalgia. Sin embargo, tampoco sucederá nada. Nada lo encenderá si no lo conectamos a la electricidad. Todos los esfuerzos están destinados al fracaso y la frustración a menos que algo se recargue adentro de la carcasa.

Muchos de los que desmayan en sus vidas y experiencias físicas y tangibles se frustran cuando tratan de cambiar las situaciones y dinámicas externas sin hacer un cambio en su interior. Entonces se preguntan por qué no tienen poder y no pasa nada.

Esto es lo que Pablo dijo sobre situaciones como esta en Efesios 3:16-18 (NVI):

> Le pido que, por medio del Espíritu y con el poder que procede de sus gloriosas riquezas, los fortalezca a ustedes en lo íntimo de su ser, para que por fe Cristo habite en sus corazones. Y pido que, arraigados y cimentados en amor, puedan comprender, junto con todos los santos, cuán ancho y largo, alto y profundo es el amor de Cristo.

La palabra griega traducida «habitar» significa sentirse como en casa. Esta es una palabra clave para entender el poder de la oración. Permíteme ilustrarlo mediante esta comparación. Muchos de nosotros tenemos un cartel de bienvenida en la puerta de nuestra casa. Cuando alguien viene, decimos: «¡Adelante! Ponte cómodo. Esta es tu casa». Pero seamos sinceros, no queremos decir exactamente eso. Más bien, es una expresión de cortesía que usamos para dar la bienvenida a un invitado. Sería más correcto decir: «Ponte cómodo. Esta es tu *habitación*», porque en realidad no queremos decir que el invitado puede deambular por toda nuestra casa. No puede entrar a nuestra habitación ni mirar dentro de nuestro clóset. Esas áreas son privadas. Son zona prohibida.

Que Cristo sea bienvenido en nuestra vida

Del mismo modo, la mayoría de nosotros tiene «lugares para Jesús» en nuestras vidas. Son áreas donde Cristo es bienvenido a entrar. Son habitaciones que están ordenadas y limpias. Sin embargo, si quieres el verdadero poder espiritual, Jesucristo debería ingresar a *todas* las habitaciones de tu vida. Deberías darle la libertad de sentirse como en casa. Deberías permitirle entrar al garaje sucio o al desván desordenado. Deberías permitirle entrar a los clósets. Tal vez te estés preguntando por qué. Porque Jesús solo tratará con aquellas áreas a las que tiene acceso.

Esto es lo que llamamos el señorío de Jesucristo, que es darle acceso a ser dueño y gobernar cada área de nuestra vida. Para que Jesucristo sea el Señor de tu vida, debes invitarlo a participar de toda tu vida, no solo que venga de visita el domingo por la mañana en la iglesia. Debes permitirle recorrer libremente cada rincón de tus pensamientos, necesidades, deseos, desesperaciones y más. Si limitas el acceso y la participación de Jesucristo en tu vida, también tendrás un poder limitado de parte de Él. Y un poder limitado de Cristo significa «desmayar» cuando llegan las pruebas de la vida así como oraciones débiles y anémicas.

Por ejemplo, invitas a Jesucristo a la iglesia el domingo por la mañana. Lo estás invitando a una habitación grande. Sin embargo, después que el servicio de la iglesia termina, conduces hasta tu casa, lo dejas entrar al recibidor de tu casa, pero no a ninguna de las habitaciones. Y es así que puedes ser de una manera en la iglesia y de otra manera en tu automóvil. Es como si estuvieras diciendo: «La iglesia es tu habitación, pero mi casa y cada habitación de ella son mías».

Sin embargo, Jesús debe vivir libremente en nuestro ser interior, de tal manera que habite en casa en lugar de que tan solo pase por el umbral de nuestra casa y unas dos horas en la iglesia. La razón por la cual Cristo necesita habitar libremente en nuestra vida es para que puedas conocer la amplitud, la longitud, la altura y la profundidad de su amor, tal como lo expresa Efesios 3:17-19. E incluso cuando llegues a conocer todo eso, solo lo conocerás en parte.

La profundidad de su poder en nosotros

Nunca olvidaré la inmensa cantidad de agua que caía continuamente en las Cataratas del Niágara. Jamás se detenía, ni por un segundo. Mientras dormíamos en la habitación de nuestro hotel, seguía cayendo. Mientras almorzábamos en algún lugar, seguía cayendo. Con el tiempo, empezó a llamarme la atención por qué el lavabo no se llenaba y desbordaba como una bañera con el grifo abierto. ¿De qué manera esta cuenca llena de aguas relativamente tranquilas continúa absorbiendo tanta cantidad de agua y sigue teniendo la misma capacidad? La respuesta a eso se encuentra en su profundidad. Verás, la cuenca al pie de las cataratas es tan profunda como la altura de las cataratas. Ambas miden exactamente cincuenta y siete metros. De modo que, cuando ves caer el agua en el área que parece relativamente pequeña debajo de los acantilados, en realidad es mucho más profunda de lo que te imaginas: observa su altura impresionante y te darás cuenta de que su profundidad es igual de grande. Esta profundidad le permite al agua tener el espacio que necesita para seguir cayendo a semejante ritmo.

Cuando estás unido a Cristo y a su amor por ti, Él crea la profundidad que necesitas para recibir la enorme cantidad de poder que Dios tiene para darte a través de la oración. Por ti mismo, sería demasiado, pero cuando habitas con Cristo, su profundidad se vuelve tuya y experimentas un nivel completamente nuevo de capacidad espiritual.

Dios es inagotable e infinito, lo que significa que no tiene ningún punto final. Para darte un punto de referencia, mira cuánto tiempo hace que el hombre está en la tierra. En todo ese tiempo, nadie ha hecho un viaje hasta el final de la galaxia en la que estamos. Ni siquiera sabemos *dónde* termina nuestra galaxia. Claro, hicimos un viaje a la luna y descendimos en una nave espacial en Marte; pero con todos los miles de años que la humanidad hace que está aquí, todavía estamos tratando de descubrir qué hay en nuestra propia galaxia. Y eso solo en *nuestra* galaxia, pero sabemos que hay muchas más por ahí. Y Dios creó cada galaxia que existe. Solo pensar en eso hace que sea más fácil darse cuenta de cuán asombroso es realmente Dios.

Consideremos el sol, que está a 150 millones de kilómetros de la tierra. Si lanzaras un cohete a 28.000 kilómetros por hora (la velocidad promedio de una nave espacial con tripulación que orbita alrededor de la tierra) hacia el sol sin detenerse en ningún momento, tomaría siete meses y medio hacer el viaje.[1] Más de siete meses solo para llegar allí. Sin embargo, el sol nos pro-

1. Los cálculos se basan en la distancia promedio del sol a la tierra, que es de 150 millones de kilómetros y la velocidad de la luz que viaja a 300.000 kilómetros por segundo. Consulta: «How Far Away Is the Sun?»; http://coolcosmos.ipac.caltech.edu/ask/8-How-far-away-is-the-Sun.

porciona el suministro de energía vital que nuestra tierra y sus habitantes necesitan cada día y cada hora para sobrevivir. Y lo hace de manera inmediata, cada segundo del día. (A la velocidad de la luz, los rayos brillantes del sol llegan en aproximadamente ocho minutos).

Quiero ayudarte a entender con quién estamos tratando. Es más que evidente que este poderoso Dios está más allá de nuestra comprensión. Es más alto de lo que nuestros ojos pueden ver, más profundo de lo que podemos bucear y más ancho de lo que nuestros brazos pueden abarcar.

Sin embargo, la buena noticia es que Dios no quiere que sus hijos tengan un conocimiento académico de quién es Él; sino que tengamos la capacidad de tener una experiencia con Él, «de conocer el amor de Cristo, que excede a todo conocimiento» (Ef. 3:19), de experimentar la realidad de la obra ilimitada de Cristo en nuestra vida a través de este proceso llamado oración.

Amigo, podrías estar desmayando. Podrías estar cansado o incluso desalentado. Pero Pablo dice que estar enraizados y cimentados en el amor de Cristo nos llenará de toda la plenitud de Dios. Cuando le permites habitar en *todas* las habitaciones de tu corazón —cuando permites que su poder fluya libremente dentro de ti como el agua que fluye en el Niágara—, estás conectado a una Fuente que te da más poder y promesas de las que podrías imaginar. De esto se trata la oración del reino.

Capítulo 2

Autoridad y acceso

En más de cuatro décadas de ministerio, he descubierto que demasiadas personas no entienden un principio clave de la vida y la autoridad del reino: *la oración*. La oración es un principio importante y esencial para la vida cristiana. Es mucho más que solo expresar nuestras peticiones a Dios como si estuviera esperando en el cielo para atender nuestras órdenes.

Cuando aceptamos a Jesucristo como nuestro Salvador, tuvimos el privilegio de entrar a la santa presencia de Dios. Jesús, con plena autoridad como Hijo de Dios, ahora nos escolta a la sala del trono del reino. Nunca he estado en la sala del trono de un rey terrenal; pero aun sin haber visitado ninguna, sé que en el interior de esa sala hay una cantidad exorbitante de poder y autoridad. Una palabra, una orden o una instrucción del soberano es palabra final. Algo que no escucharás en la sala del trono de ningún rey es la frase: «Pero, rey...»; sino: «Sí, majestad». Esto se debe a que el rol en sí exige obediencia.

Por lo tanto, cuando por medio de Cristo recibimos la libertad de entrar a la sala del trono de Dios al orar, nunca deberíamos tomarlo a la ligera. Estamos entrando a la presencia de Aquel cuyo gobierno está sobre todos. Lo que Él dice es palabra final. Lo que Él determina es definitivo.

En el capítulo 1 definimos la oración del reino como el *método divinamente autorizado para acceder a la autoridad celestial para una intervención terrenal.* Sin embargo, aunque la oración es una herramienta tan poderosa, a muchos creyentes les cuesta orar. A veces, la oración puede ser como poner cuatro monedas en una máquina de refrescos, presionar el botón y no tener ninguna respuesta. Presionas el botón una y otra vez; incluso lo empujas con el pie, pero aun así no pasa nada hasta que finalmente te alejas frustrado.

Debido a esto, creo que la oración es el recurso más desaprovechado para acceder a la autoridad espiritual que Dios nos ha dado. No está desaprovechado por su ineficacia para funcionar como Dios la diseñó, sino más bien debido a nuestra falta de entendimiento y práctica de cómo funciona y *por qué* Dios la diseñó originalmente. La oración del reino es el mecanismo establecido para promover la agenda del reino de Dios en la tierra al acceder a su autoridad en el cielo y hacerla descender. De esta manera se extiende su gobierno en la tierra.

La oración del reino tiene que ver con autoridad

La oración del reino tiene que ver con autoridad. Sin embargo, rara vez lo pensamos de esa manera. La oración es una de las cosas más importantes y eficaces que podemos hacer como creyentes. No obstante, rara vez la consideramos así. Por eso me dediqué a recopilar mis enseñanzas sobre la oración en este libro. Estudiar la naturaleza autoritativa de la oración, su relación con el reino de Dios, así como también el ADN de la oración eficaz será mi énfasis en este libro, mucho más que la mecánica de cómo orar.

Nunca le enseñaría a nadie cómo o dónde hablar con otra

persona. Así que no voy a centrarme en cómo o dónde hablar con Dios. El cómo de la oración —cómo orar, dónde orar, cuándo orar— depende de ti en función de tu intimidad relacional con el Señor. La hora del día no es importante, pero la frecuencia sí lo es. Deberíamos orar todo el tiempo. Después de todo, Pablo nos exhorta a orar sin cesar (1 Ts. 5:17). Solo con esa declaración, el *cómo* de la oración sucede en una variedad de formas y lugares. La oración tiene que ver con mucho más que una rutina, un lugar, la duración o incluso las palabras exactas que usamos.

Recuerda que Pedro solo dijo dos palabras en oración cuando se hundía bajo las olas en una tormenta: «¡Señor, sálvame!». No fueron palabras elocuentes. Estaba en medio de las olas, no en un clóset de oración. No estaba arrodillado; se estaba hundiendo. Y ni siquiera se molestó en exaltar a Dios con una larga lista de atributos o en comenzar con una alabanza. Más bien, clamó con un corazón genuino y necesitado, y el Señor lo escuchó. El corazón de la oración a menudo habla más fuerte que las palabras.

La oración del reino es una comunicación sincera

La oración es una comunicación relacional con Dios. Es sincera, franca y directa. Debemos hablar con Dios así como Pedro habló con Jesús en el agua. Abre tu boca y ora. No te preocupes tanto por cómo lo haces, ni siquiera por lo que dices, simplemente comienza. Debido a que la oración es una forma de comunicación, hay una miríada de formas de hacerlo. Puedes orar mientras conduces, mientras estás sentado en una reunión, durante una conversación con tu cónyuge o incluso mientras miras deportes por televisión: simplemente, baja el volumen, cierra los ojos y acércate al Rey del cielo con ese gran problema que ha venido a tu mente. No tienes que arrodillarte cada vez que oras. No tienes que colocarte un halo sobre la cabeza, abrir tu diario de oración de miles de páginas y decir palabras de introducción como «Amantísimo» o «Excelentísimo».

Sin embargo, tienes que ser sincero. Tienes que ser real con Dios. La humildad también es una buena cualidad; una cualidad clave que estudiaremos en este libro. No obstante, ni bien empiezas a pensar en la oración como un programa a cumplir de tu lista de tareas a realizar, ese es el preciso momento en que pierdes el acceso al poder y la autoridad que posee.

Comunicarse con Dios no es un programa. Comunicarse con Dios es *comunicarse con Dios.*

Ahora bien, déjame explicarlo. ¿Estoy diciendo que arrodillarse está mal? No, claro que no. Me arrodillo y me he arrodillado durante décadas junto a mi cama para orar regularmente. ¿Estoy diciendo que los diarios personales de oración no son buenos? Nuevamente, no. Si eso es lo que usas para recordarle a Dios cómo ha obrado en tu vida antes, así como para anotar lo que le estás pidiendo ahora, utilízalo. ¿Está mal orar en un lugar privado y aislado como un clóset de oración? No, es un buen lugar para orar. Las Escrituras dicen que oremos en secreto y solos donde nadie pueda vernos. En otras ocasiones nos dice que oremos en nuestra habitación (Mt. 6:6).

> *Los ingredientes de la oración eficaz incluyen fe, autoridad, entrega, obediencia, tenacidad y confianza.*

Sucede que otras veces también nos dice que oremos en

público (1 Ti. 2:8). Nuestra recámara no es el único lugar para orar. Recuerda que Pedro eligió un muy buen lugar para orar cuando las olas lo estaban azotando. Lo sabemos porque recibió la respuesta a su oración.

En lugar de quedar atrapado en las reglas y en lo que se debe y lo que no se debe hacer al orar... ya que varía según la mayoría de las situaciones de la vida, quiero que veamos el espíritu con el que se debe orar, el ADN de lo que la hace funcionar: cosas como la fe, la alineación, la autoridad, la entrega, la obediencia, la tenacidad, la confianza y el amor. Estos son los ingredientes de la oración eficaz. Y la oración eficaz es lo que tú y yo necesitamos porque estamos en medio de una batalla: una batalla espiritual entre el bien y el mal. Y la oración es nuestra principal arma para la victoria.

Ora en todo tiempo...

El apóstol Pablo nos reveló uno de los grandes secretos de la oración poderosa del reino, especialmente en referencia al área de la guerra espiritual. Después de su exhortación a ponernos toda la armadura de Dios en Efesios 6, escribió: «orando en todo tiempo con toda oración y súplica en el Espíritu, y velando en ello con toda perseverancia y súplica por todos los santos» (v. 18).

Observa cuántas veces Pablo usó la palabra «orar» o un sinónimo de oración en ese versículo. Aparece como (1) «orando» (2) «toda oración» y (3) «súplica».

A pesar de que Pablo acababa de dar una explicación sobre las armas de la guerra espiritual y de cómo funcionan, decidió terminar su discurso sobre ese tema con una referencia a la oración. Terminó su sesión de estrategias para la batalla espiritual con este poderoso método de oración repetida, constante, perseverante e integral. «Orando en todo tiempo con toda oración y súplica».

...Y escúcha a Dios

Dios anhela comunicarse contigo: escuchar lo que tienes que decirle. Pero también quiere que escuches su voz, que conozcas su voz y que permanezcas en Él. La imagen correcta de Dios a tener presente si deseas fortalecer tu vida personal de oración es que Él está sumamente interesado en ti y en tus oraciones. Y quiere que tengas un interés vital en escuchar su voz. Quiere que ores siempre, en todo tiempo, por la sencilla razón de que quiere que el cielo permanezca conectado a la tierra a través de ti.

Además, una vez que comienzas a escuchar y discernir la voz de Dios en tu compañerismo constante con Él por medio de su Palabra, te resulta tan satisfactorio como cualquier otra cosa que puedas experimentar. Él es el amigo más cercano que hayas imaginado. Te guía, te encamina, te consuela, te sorprende e incluso te mima con su amor. Además quiere darte más de su sabiduría y conocimiento para que puedas evitar las decisiones equivocadas y disfrutar del fruto de las correctas. Incluso puede abrir puertas que antes habían estado cerradas.

Nunca olvidaré cuando mis hijos eran más pequeños y Lois y yo los llevamos al Gran Cañón. Habíamos conducido todo el día para ahorrar en gastos de viaje, y cuando llegamos ya era bastante tarde. Llegamos cansados y listos para ir a la habitación de nuestro hotel a dormir. Sin embargo, había un detalle muy importante. Me había olvidado de reservar una habitación.

Ten en cuenta que esto fue hace unos treinta años. Antes que los teléfonos celulares fueran tan comunes, antes que existiera la Internet. Llegamos al Gran Cañón y al hotel oficial del lugar, pero ya estaba lleno. El gerente del hotel me informó que incluso había una lista de espera en el caso de que hubiera habitaciones disponibles. No había otros hoteles a una distancia de una hora más o menos. La situación parecía poco prometedora.

Agotado, hambriento y frustrado, decidí sentarme a comer con mi familia antes de hacer un largo viaje para tratar de encontrar otro hotel. Cuando nos sentamos a cenar, Priscilla —que era una niña pequeña en ese momento— dijo: «Papá, ¿no nos enseñaste que Dios suple todas nuestras necesidades?».

Créeme, no estaba de humor para que uno de mis hijos me señalara lo que había predicado un domingo. Así que la miré con ojos de papá que le decía: «Priscilla, cállate y prepárate para comer».

«Papá, ¿por qué no oras?»

Sin embargo, Priscilla continuó. «Papi, si Dios suple todas nuestras necesidades y todo lo que tenemos que hacer es pedírselo, entonces, ¿por qué no oras?». Me miró con una inocencia en sus ojos realmente conmovedora. Fue uno de esos momentos que, como padre, quieres esconderte debajo de la mesa porque tu hijo es más espiritual que tú. También fue uno de esos momentos que no sentía el más mínimo deseo de orar. Entonces le dije: «Ora, Priscilla». Ella lo hizo. Lo bastante fuerte como para que las personas que estaban cenando a nuestro alrededor también escucharan.

Después de la oración de Priscilla, comencé a pensar en cómo le iba a explicar que Dios no siempre llega instantáneamente cuando oramos. Sin embargo, no hizo falta, porque no mucho después de orar, el gerente del hotel vino a nuestra mesa y me preguntó si aún necesitábamos una habitación. Asentí con la cabeza y le dije que sí.

«Bueno —dijo—, uno de nuestros huéspedes tuvo que irse por una emergencia médica, y la siguiente familia de la lista de espera se fue. De modo que tenemos una habitación para usted si lo desea».

Priscilla sonrió de oreja a oreja. Con un gesto de asombro, exclamé: «¡Guau!». La oración *es* una herramienta poderosa, porque orar *es* comunicarse con un Dios Todopoderoso que desea ejecutar su autoridad a través de nosotros, pero solo cuando le permitimos hacerlo mediante la oración. Desdichadamente, muchos de nosotros simplemente lo hemos «olvidado». Más precisamente, nos hemos olvidado de la fe de un niño que cree que Dios hará lo que dice que hará.

Una clave de la oración es tener fe como un niño, como la que demostró Priscilla hace muchos años. Otra es saber lo que debes orar. La tercera es entender que la oración es de naturaleza autoritativa, cuando está basada en el poder y la verdad de Dios en relación a los propósitos de su reino.

El mandato de dominio

Para comprender la naturaleza autoritativa de la oración, debemos volver al comienzo de la humanidad. Es en el contexto de nuestra creación que llegamos a comprender de manera cabal la autoridad que tenemos en la oración. Comencemos por el principio, el momento cuando Dios creó «los cielos y la tierra. Y la tierra estaba desordenada y vacía, y las tinieblas estaban sobre la faz del abismo» (Gn. 1:1-2).

En sucesión, Dios separó la luz de las tinieblas (v. 4), el cielo de las aguas (v. 7) y la tierra de las aguas (v. 9). Posteriormente, creó la vegetación, las lumbreras del cielo (incluidas el sol y la luna), los peces, las aves y los animales, y finalmente la vida humana. Cuando Dios creó al hombre y la mujer, decidió crear un ser inferior: una criatura, constitucionalmente, un poco menor que los ángeles (Sal. 8:5; He. 2:7). Lo hizo por muchas razones, pero uno de los propósitos era que esta criatura (el ser humano) demostrara lo que Dios podía hacer con nosotros cuando dependemos de Él por completo.

Recordemos que Dios echó a Satanás del cielo cuando intentó

usurpar su trono y gobernar; entonces, arrojó sobre la tierra al diablo y a una tercera parte de los ángeles que lo habían seguido (ver Is. 14:12-15; Ez. 28:16-17; Ap. 12:4).

Así Dios se dispuso a crear la raza humana para que gobernara sobre su orden creado. Vemos esto en Salmos 8, cuando David escribió:

> Cuando veo tus cielos, obra de tus dedos, la luna y las estrellas que tú formaste, digo: ¿Qué es el hombre, para que tengas de él memoria, y el hijo del hombre, para que lo visites? Le has hecho poco menor que los ángeles, y lo coronaste de gloria y de honra. Le hiciste señorear sobre las obras de tus manos; todo lo pusiste debajo de sus pies (vv. 3-6).

Esta es la razón por la cual, cuando Dios creó a Adán y Eva, dijo: «señoree en los peces del mar, en las aves de los cielos, en las bestias, en toda la tierra» (Gn. 1:26). Entonces Dios les ordenó que sojuzgaran la tierra (v. 28). En términos teológicos, esto se conoce como el *pacto de dominio* o el *mandato de dominio.*

En otras palabras, era imposible que Dios no tuviera un reino que gobernara y venciera al reino de Satanás. Cuando Jesucristo establezca su reino milenial, será la declaración final y triunfante de la gloria de Dios. Satanás será encadenado durante ese tiempo para demostrar su derrota y juicio definitivo (ver Ap. 20:1-3).

Sin embargo, por ahora, Dios nos ha creado a ti y a mí para sojuzgar y gobernar una parte de su creación. Cada persona fue creada con esa intención divina. ¿Por qué es importante que comprendas el desarrollo del plan del reino de Dios, en especial con respecto al tema de la oración? Porque cuando Dios dijo «señoree», afirmó que no gobernaría independientemente del hombre: las decisiones de la humanidad ahora cobrarían peso con respecto a lo que Él haría o dejaría de hacer. Y lo hizo por una razón: demostrar al diablo y los demonios que podía hacer más al manifestar su gloria a través de una criatura inferior, que a través de la que una vez brilló como «lucero de la mañana» (Is. 14:12, NVI).

Un conflicto cósmico

Muchos creen que hay una batalla entre Dios y el diablo. Puede que tú también lo creas. Sin embargo, no hay batalla entre Dios y el diablo. Si la hubiera, no duraría mucho. Es como decir: «Tony Evans y Manny Pacquiao están boxeando». Claro, los dos podríamos subir al ring para boxear, pero yo no podría competir con «Pac-Man».

Satanás, un ser creado, no puede competir con el Creador omnipotente. Eso ni siquiera sería una pelea. Sin embargo, lo que Dios hizo fue crear al ser humano, que por sí mismo no está a la altura de competir con Satanás o sus demonios, para demostrar que en esta batalla espiritual incluso la criatura inferior puede vencer cuando actúa conforme al gobierno y la autoridad del reino de Dios.

Tú y yo fuimos lanzados a un conflicto cósmico para manifestar el gobierno de Dios en la tierra para la extensión de su reino y la manifestación de su gloria. Una manera magnífica de hacerlo es mediante la oración: la capacidad del hombre de gobernar bien y de manera justa a través de una comunicación con el Dios invisible. El hombre debía mirar a Dios para saber cómo gobernar en la tierra, por eso instituyó la comunicación entre el hombre y Él.

Nuestra responsabilidad de gobernar la tierra

Ten en cuenta que si bien Dios ha delegado la responsabilidad administrativa de gobernar, no ha cedido la propiedad absoluta de la tierra a la humanidad. Sin embargo, al delegar la administración de la tierra al hombre, Dios ha establecido un proceso, dentro de ciertos límites, en el cual respeta las decisiones del hombre, aunque esas decisiones vayan en contra de Él o aunque esas decisiones no sean para el bien de lo que se está administrando.

Si bien Dios retiene la posesión y la autoridad soberana y absoluta, ha delegado una autoridad relativa a la humanidad dentro de la esfera de influencia donde cada persona ha sido colocada. Por ejemplo, el banco podría ser el propietario de la casa en la que vives, pero tu responsabilidad es pagar una hipoteca mensual de la casa que dices «poseer», así como de mantenerla, para bien o para mal. Sí, es una grata sensación entrar a una casa nueva que acabas de comprar y pensar: *soy el dueño de esta casa*; pero la verdad es que, en la mayoría de los casos, el banco tiene la posesión de esa vivienda.

El banco no participa de las responsabilidades cotidianas de administrar tu casa, ese es tu deber. Sin embargo, el banco es dueño de la casa. El banco tampoco te obliga a tener una casa limpia o evita que tengas una casa desordenada. Eso depende de ti. Sin embargo, el banco no renuncia a la propiedad principal de la casa solo porque tú vives en ella y la administras. Si no haces tus pagos, serás tú quien enfrentará la consecuencia de no poseer más esa casa.

Lo mismo sucede en la esfera que te toca gobernar. Dios es el dueño principal. Te ha delegado la responsabilidad de administrarla sin delegar su soberanía sobre y dentro de ella. Tus decisiones afectan directamente la calidad de vida dentro de la esfera en la que trabajas y eso incide en si tu esfera de influencia se incrementará o disminuirá con el tiempo.

Tú y yo fuimos creados y colocados en la tierra para «gobernarla», es decir, para gobernar las esferas de influencia donde vivimos. Eso puede incluir a nuestra familia, nuestra comunidad, nuestra iglesia, nuestro lugar de trabajo y cualquier otro lugar. Sin embargo, la gran tragedia es que muy pocos de nosotros nos damos cuenta de eso, y asimismo muy pocos reconocen el papel significativo y estratégico que desempeña la oración en el cumplimiento de este mandato de dominio. Satanás no quiere que tú o yo conozcamos nuestra autoridad espiritual y cómo acceder a esa autoridad a través de la oración; porque si la conocemos, podríamos usarla para destruir sus planes. Por eso hizo que Adán y Eva dejaran de comunicarse con Dios y comenzaran a comunicarse con él para que perdieran acceso a la autoridad y la sabiduría del cielo.

Al diablo no le importa mucho que las personas vayan a la iglesia, lean la Biblia o hagan sus bonitas oraciones cristianas, siempre y cuando él y sus demonios no estén expuestos a la naturaleza autoritativa de nuestra relación con Dios. Es la autoridad lo que produce poder.

La oración del reino está diseñada para promover la agenda del reino de Dios, que es la manifestación visible del gobierno integral de Dios en todas las áreas de la vida.

Sin embargo, has sido creado para administrar el ámbito en el que actúas en nombre de Dios. A través de esta relación, tienes mucho más poder del que quizá incluso te des cuenta. Dios creó intencionalmente al hombre a su propia imagen para que actúe en su representación en el reino visible y refleje así su voluntad en el reino invisible.

Por lo tanto, Dios nos creó a su semejanza para que podamos comunicarnos con Él a fin de ejercer su voluntad y ser un reflejo de Él en la tierra. Este es el objetivo, la naturaleza y el propósito de la oración del reino. La oración del reino está diseñada para promover la agenda del reino de Dios, que es la manifestación visible del gobierno integral de Dios en todas las áreas de la vida. Cuando te des cuenta de todo lo que realmente sucede al orar, tu vida de oración se revitalizará.

Para muchos de nosotros, la oración puede parecer aburrida. Si pudiéramos comprender realmente todo lo que sucede en el reino invisible en respuesta a nuestras oraciones, la oración sería la prioridad en cada una de nuestras vidas. Se convertiría en nuestro primer recurso y nuestra mejor herramienta. Haríamos lo que dice Pablo, sin necesidad de que nos lo recuerden: orar sin cesar (1 Ts. 5:17) y orar en todo lugar (1 Ti. 2:8).

Capítulo 3

Reino y relación

Se encuentran en los pasillos cerca de las cajas registradoras de los supermercados. Son regalos fáciles cuando estás atrasado y necesitas comprar algo de último momento para una fiesta de cumpleaños o cualquier celebración. Es una agradable sorpresa recibir una de regalo o recibir un correo electrónico con un código que contiene una. Son las tarjetas de regalo de prepago.

Las tarjetas de regalo se han convertido en la nueva modalidad para los regalos. En nuestra sociedad independiente y autónoma, ¿por qué no dejar que el receptor elija lo que más le gusta en alguna tienda? Además, el comprador ahorra el tiempo de tener que salir a buscar algo.

Las tarjetas de regalo son magníficas... al menos, lo parecen. Son magníficas si las usas. Sin embargo, ¿puedes creer que no se han utilizado aproximadamente mil millones de dólares en tarjetas de regalo en un solo año? Sí, mil millones.[1] Estoy tan

1. Quentin Fottrell, «$750M in Gift Cards Will Go Unused in 2014», *New York Post*, 29 de noviembre de 2014, http://nypost.com/2014/11/29/750million-in-gift-cards-will-go-unused-in-2014; publicado originalmente por MarketWatch, 1 de diciembre de 2014, http://www.marketwatch.com/story/750-million-in-gift-cards-will-go-unused-in-2014-2014-11-29.

horrorizado como tú. En un solo año se compraron tarjetas de regalo por un valor de mil millones de dólares que los destinatarios nunca canjearon.

Miles de las promesas de Dios

A la vez, me pregunto cómo debe sentirse Dios al ver que muchas veces no reclamamos ninguna de las abundantes promesas que se encuentran en su Palabra e ignoramos que Él se hizo fácilmente accesible mediante la sangre de Cristo. No pedimos nada. No buscamos nada o nada específico en su Palabra.

«Todas las promesas que ha hecho Dios son "sí" en Cristo. Así que por medio de Cristo respondemos "amén" para la gloria de Dios» (2 Co. 1:20, NVI). Todas las promesas de Dios son sí en Cristo. La última vez que investigué eran miles de preciosas promesas. Sin embargo, ¿cuántas ni siquiera sabes que existen? ¿Cuántas conoces de manera automática? Creo que puedo responder por la mayoría de nosotros: no las suficientes.

Aunque Dios nos ha dado acceso a su sala del trono mediante la oración y el poder de su autoridad divina con respecto a sus promesas, aun así tenemos que entrar y obtenerlas. Nadie obligó a los destinatarios de las tarjetas de regalo a canjearlas. Por eso mil millones de dólares de esas tarjetas no se usaron. Sin embargo, no usamos algo de mucho más valor cuando consideramos lo que Dios está dispuesto a hacer por sus hijos y lo que en realidad ellos le piden que haga.

Cuando la oración está basada en lo que Dios ya ha declarado que hará, puedes estar seguro de su respuesta. Pero, para orar de esta manera, debemos estudiar su Palabra (gr. *lógos*) e intimar con su palabra (*rhema*), para que cuando oremos lo hagamos de acuerdo con su voluntad. Las Escrituras declaran que Dios tiene secretos que está dispuesto a revelarnos. Leemos: «Los secretos del Señor son para los que le temen, y El les dará a conocer su pacto» (Sal. 25:14, LBLA). Dios quiere que estés tan cerca de Él que pueda inclinarse y susurrarte sus secretos al oído. Cuando Él te revela sus secretos o cuando tú descubres sus promesas en su Palabra, puedes declarar las Escrituras en oración y decirle: «Dios, tú has dicho en tu Palabra…».

Una poderosa oración del reino hace que Dios rinda cuentas de lo que ya ha dicho que haría. Dios nos ha dado permiso en la oración para que le recordemos su Palabra. Esto significa que tenemos que conocer lo que Dios ha expresado. El fundamento de la oración del reino es saber lo que Dios ya ha dicho.

Las Escrituras y la batalla espiritual

No le hacemos ningún favor a nuestra vida de oración cuando no dedicamos tiempo a aprender y conocer la Palabra de Dios. Nuestras oraciones se convierten en palabras vagas o huecas, o están tan llenas de cosas que Dios nunca tuvo la intención de hacer. De uno u otro modo, estamos orando en vano. Luego nos quejamos: «¡Oye, lo intenté y no funcionó!». Muchas veces eso nos lleva a llamar a un amigo o familiar y empezar a contarle nuestros problemas. En cambio, necesitamos que el cielo invada la tierra a nuestro favor. Solo el cielo tiene las respuestas y la autoridad para que enfrentemos lo que nos falta o nos sucede en nuestra vida.

Todo lo que te esté afectando hoy en el ámbito físico proviene del reino espiritual. Esta es una verdad crucial que debemos entender. Si no abordamos la causa espiritual ni libramos nuestra batalla en el reino espiritual, nunca llegaremos a una solución. Esto se debe a que todo lo físico está precedido por algo espiritual. Si deseas abordar algo físico, primero debes tratar con la causa espiritual. Satanás quiere que te olvides de esto.

No quiere que entiendas el poder y la autoridad que posees en la oración. Quiere que continúes creyendo que el problema es tu cónyuge, tu jefe, tu amigo, esa bebida, ese medicamento o esa emoción, o incluso *tú mismo*. Sin embargo, ninguna de esas cosas es la raíz causante. Todas son manifestaciones del problema: una batalla espiritual.

La batalla comenzó y continúa en el reino espiritual. Por lo tanto, si no abordas las manifestaciones físicas o la falta de manifestaciones de *manera espiritual*, continuarás experimentando los efectos resultantes del dominio del reino físico.

Dios nos ha dado dos opciones. Podemos dejarlo afuera o acceder a su sabiduría como Soberano absoluto.

Tal como mencioné anteriormente, cuando Dios creó los cielos y la tierra y colocó al ser humano sobre ellos, dijo: «Señoree». Dios decidió delegar el gobierno administrativo de la tierra a la humanidad. Al hacerlo, nos ha dado dos opciones. Podemos dejarlo afuera. El primer capítulo del libro de Romanos resume los resultados que suceden cuando Dios queda afuera. Y también nos ha dado la opción de recurrir a Él para acceder a su máxima autoridad y sabiduría como Soberano absoluto.

Cuando acudes a Dios y le pides su intervención divina conforme a su Palabra, sus promesas y su carácter, entonces Dios interviene en respuesta a tu fe y sumisión a Él, al reconocer tu necesidad de Él.

Puedes dejar a Dios afuera. Él te dio esa opción; pero también puedes incluirlo en tus planes y acciones, principalmente, al conformar tus pensamientos a los suyos y acercarte a Él en oración. Entonces, lo verás manifestarse en tu vida como jamás imaginaste.

Daniel y los ángeles

Un mensaje de Gabriel

El profeta Daniel es uno de los mejores ejemplos de participación conjunta del cielo a favor de la tierra y de la importancia vital que esto tiene. Un día, Daniel estaba estudiando la Palabra de Dios y luego respondió a Él en oración basado en lo que había leído. Leemos:

> En el año primero de su reinado, yo Daniel miré atentamente en los libros el número de los años de que habló Jehová al profeta Jeremías, que habían de cumplirse las desolaciones de Jerusalén en setenta años. Y volví mi rostro a Dios el Señor, buscándole en oración y ruego, en ayuno, cilicio y ceniza (Dn. 9:2-3).

Primero, leyó lo que Dios le había dicho al profeta Jeremías. Luego oró sobre ese asunto. Daniel continúa:

> Aún estaba hablando y orando, y confesando mi pecado y el pecado de mi pueblo Israel, y derramaba mi ruego delante de Jehová mi Dios por el monte santo de mi Dios; aún estaba hablando en oración, cuando el varón Gabriel, a quien había visto en la visión al principio, volando con presteza, vino a mí como a la hora del sacrificio de la tarde. Y me hizo entender, y habló conmigo, diciendo: Daniel, ahora he salido para darte sabiduría y entendimiento (Dn. 9:20-22).

Dios había enviado un ángel para ayudarle a entender y darle más sabiduría de la que ya tenía. Sin embargo, Dios no envió al ángel para darle sabiduría *hasta* que Daniel oró en respuesta a lo que Dios ya había dicho. Y entonces Gabriel explica: «Al principio de tus ruegos fue dada la orden, y yo he venido para enseñártela, porque tú eres muy amado. Entiende, pues, la orden, y entiende la visión» (v. 23).

Humillado ante este poderoso ángel, Daniel cae de rodillas. Gabriel le dice que se ponga de pie, y luego ayuda al profeta a comprender por qué había ido:

> Daniel, no temas; porque desde el primer día que dispusiste tu corazón a entender y a humillarte en la presencia de tu Dios, fueron oídas tus palabras; y a causa de tus palabras yo he venido. Mas el príncipe del reino de Persia se me opuso durante veintiún días; pero he aquí Miguel, uno de los principales príncipes, vino para ayudarme, y quedé allí con los reyes de Persia. He venido para hacerte saber lo que ha de venir a tu pueblo en los postreros días; porque la visión es para esos días. Mientras me decía estas palabras, estaba yo con los ojos puestos en tierra, y enmudecido (10:12-15).

Después que Daniel oró en respuesta a las palabras de Dios reveladas por medio de Jeremías, Dios envió un ángel para ayudar a Daniel. Dos veces leemos en estos dos capítulos que Dios envió al ángel el día exacto en que Daniel oró basado en la palabra ya revelada de Dios. El Señor actuó en ese preciso momento. Sin embargo, Daniel tuvo que esperar la respuesta de Él debido a la guerra espiritual que se estaba librando en el reino celestial. Dios había enviado a Gabriel para que le entregara un mensaje de sabiduría a Daniel; pero el príncipe de Persia, un demonio, le prohibió a Gabriel llegar a su destino durante tres semanas («veintiún días»).

Una batalla en el reino espiritual

No pases por alto esta verdad y cómo se puede aplicar a tu propia vida. Las batallas que enfrentas en la tierra son guerras que seres reales llamados ángeles y demonios pelean en el reino espiritual. Cuando hay un retraso en la respuesta a tu oración, no presupongas que a Dios no le importa o que no te escucha. Haz tu suposición, basado en su Palabra, de que hay una batalla que tiene lugar entre el bien y el mal. Además tus oraciones pueden tener una gran incidencia en la rapidez con que se desarrolle esa batalla.

Dios no solo escuchó la oración de Daniel en el preciso momento en que oró, sino que también respondió inmediatamente a su oración. Sin embargo, hubo un retraso en la llegada de la respuesta de Dios a la tierra. De hecho, hizo falta que otro ángel llamado Miguel impidiera que el demonio fuera un obstáculo para Gabriel. Finalmente, dos ángeles batallaron contra el príncipe de Persia para que Dios entregara su mensaje a Daniel.

Ninguna batalla o guerra ha durado un minuto; pero a veces parece que eso creemos los cristianos, porque oramos y luego dejamos de orar cuando Dios no responde de inmediato. Pero hay más razones para seguir orando y no solo pedir lo que estás necesitando. Después de pedirle a Dios, debes dedicar el resto de tu oración a agradecerle por su respuesta prometida. Y dado que hay demonios que intentan impedir la llegada de esa respuesta a tu vida, también debes pedirle a Dios que intervenga en tu situación y eche fuera a Satanás en caso de que el príncipe de las tinieblas esté causando un retraso en esa respuesta.

Necesitas estar alerta al orar, porque las oraciones hechas en respuesta a la Palabra de Dios son una amenaza para Satanás (1 P. 5:8; Ef. 5:8). El infierno quiere impedir que el cielo llegue a la tierra, y Satanás hará todo lo posible para evitar que perseveres en oración.

¿Alguna vez notaste que a veces cuando oras tu mente se distrae? ¿O te da sueño cuando no estabas soñoliento antes de empezar a orar? Satanás y sus demonios intentarán cualquier cosa para evitar que ores, porque la oración es el vehículo a través del cual Dios manifiesta tu victoria en la tierra. Si pudiéramos comprender realmente todo lo que sucede en el reino invisible en respuesta a nuestras oraciones, la oración tendría prioridad por sobre cualquier otra cosa donde invertir nuestro tiempo como es debido.

En Efesios 3, Pablo enfatiza la realidad espiritual donde vivimos y donde se libran nuestras batallas, cuando explica:

> A mí, que soy menos que el más pequeño de todos los santos, me fue dada esta gracia de anunciar entre los gentiles el evangelio de las inescrutables riquezas de Cristo, y de aclarar a todos cuál sea la dispensación del misterio escondido desde los siglos en Dios, que creó todas las cosas; para que la multiforme sabiduría de Dios sea ahora dada a conocer por medio de la iglesia a los principados y potestades en los lugares celestiales, conforme al propósito eterno que hizo en Cristo Jesús nuestro Señor, en quien tenemos seguridad y acceso con confianza por medio de la fe en él (vv. 8-12).

Pablo explica que Dios, quien creó todas las cosas, quiere dar a conocer su poderosa sabiduría y propósito a través de su pueblo. Su dominio y autoridad sobre todo, incluso en los lugares celestiales, también se manifiesta por medio de su pueblo. Debido a que Dios gobierna y domina, tú y yo también deberíamos gobernar en el ámbito donde nos movemos. Con la seguridad del «acceso con confianza» (Ef. 3:12) que nos ha concedido, tú y yo podemos y debemos entrar al trono de Dios y reclamar nuestros derechos legales a fin de dominar sobre cualquier otra potestad que quiera derrotarnos, es decir, Satanás y sus secuaces celestiales y terrenales.

Este acceso mediante la oración está diseñado exclusivamente para dar lugar y manifestar la voluntad de Dios en la tierra. La oración es el mecanismo para enfrentar las batallas que se libran en los lugares celestiales, que afectan directamente nuestras vidas físicas y los cinco sentidos en la tierra.

Así como Daniel tuvo que seguir orando para que Dios enviara a Miguel a ayudar a Gabriel en la misión, no debemos dejar de practicar la oración para no retrasar los propósitos y los planes de Dios. La oración del reino es tan poderosa, que algunos han orado y pudieron lograr que Dios se arrepintiera de lo que pensaba hacer. Considera las oraciones de Moisés, Ezequías y Amós:

> Entonces Jehová *se arrepintió* del mal que dijo que había de hacer a su pueblo (Éx. 32:14).

> ¿Acaso lo mataron Ezequías rey de Judá y todo Judá? ¿No temió a Jehová, y oró en presencia de Jehová, y Jehová *se arrepintió* del mal que había hablado contra ellos? (Jer. 26:19).

> Y aconteció que cuando acabó de comer la hierba de la tierra, yo dije: Señor Jehová, perdona ahora; ¿quién levantará a Jacob? porque es pequeño. *Se arrepintió* Jehová de esto: No será, dijo Jehová (Am. 7:2-3).

Las Escrituras registran momentos similares cuando Dios dijo que haría una cosa, pero después que la persona oró humillada, Dios revirtió su decisión (p. ej., Jon. 2:6-10). Entonces, cuando hablamos de la oración del reino, no estamos hablando de algo menor. Dios dice que este acceso a la oración realmente llega al reino celestial y trae los propósitos de Dios a la tierra. O como el padrenuestro dice de manera tan elocuente: «Venga tu reino, hágase tu voluntad».

Sin embargo, Dios no actuará de manera arbitraria. Él ha creado un proceso intermedio a seguir, llamado oración, que conecta los dos reinos. Por eso las Escrituras dicen: «No tenéis lo que deseáis, porque no pedís» (Stg. 4:2). No dice que no tienes porque Dios no puede o porque Dios no está dispuesto a dártelo; sino simplemente porque no has participado en el proceso de la oración. No has pedido. La oración del reino engendra en la tierra lo que Dios ha determinado desde la eternidad. Trae al mundo físico lo que Dios ha determinado en el reino espiritual.

La relación es fundamental

No confundas esa última afirmación con suponer que puedes engendrar cualquier cosa que quieras. El secreto de la respuesta a la oración es estar alineado con Dios. Es tener tanta armonía con Dios que puedes orar conforme a su voluntad. Una vez, cuando uno de los discípulos de Jesús le pidió que les mostrara al Padre, Cristo respondió con un poderoso discurso sobre la oración:

> ¿No crees que yo soy en el Padre, y el Padre en mí? Las palabras que yo os hablo, no las hablo por mi propia cuenta, sino que el Padre que mora en mí, él hace las obras. Creedme que yo soy en el Padre, y el Padre en mí; de otra manera, creedme por las mismas obras. De cierto, de cierto os digo: El que en mí cree, las obras que yo hago, él las hará también; y aun mayores hará, porque yo voy al Padre. Y todo lo que pidiereis al Padre en mi nombre, lo haré, para que el Padre sea

glorificado en el Hijo. Si algo pidiereis en mi nombre, yo lo haré (Jn. 14:10-14).

Tal como un padre a un niño, Jesús intentó llevar a los discípulos a una comprensión lógica de la respuesta a su pregunta. En resumen: Han visto al Padre porque Él hace sus obras a través de mí. En otras palabras, tenemos una relación cercana, por eso mis oraciones tienen respuesta.

Después Jesús dio un paso más para enseñar a sus seguidores, y a nosotros, que tenemos acceso a la misma capacidad para hacer obras aún mayores que las que Él hizo mientras estuvo en la tierra. Accedemos a esta capacidad cuando nos alineamos con Jesús, quien está alineado con el Padre, y recibimos la sabiduría que necesitamos para pedir según la voluntad de Dios y en el nombre de Jesús. Cuando alcanzamos un nivel de intimidad con Dios similar al que experimentó Cristo mientras vivió en la tierra, ejerceremos autoridad en nuestras oraciones... como raramente se ve en estos días.

El secreto de la respuesta a la oración es estar alineado con Dios. Es orar conforme a su voluntad.

¿Sabes cómo es tener una relación tan cercana con alguien —un amigo o ser querido, o incluso un compañero de trabajo—, que puedes terminar la frase que empezó tan solo por haber pasado mucho tiempo con él? Puedes predecir qué está pensando, puedes leer sus expresiones y percibir su estado de ánimo. Eso es intimidad relacional. Jesús dice que cuando alcanzamos ese nivel de intimidad con Dios, podemos orar conforme a su voluntad.

Eso es poder, pero ese poder viene con esfuerzo. Viene al

buscar al Señor, pasar tiempo con Él, dejar de lado tus propios deseos egoístas y humillarte ante Dios y los demás. El poder de la oración es gratuito. Jesús pagó el precio de nuestro acceso al trono de Dios. Sin embargo, el poder de la oración no viene sin buscar apasionadamente al Señor con todo tu corazón, con toda tu mente, con todas tus fuerzas y con toda tu alma. Viene al acercarte relacionalmente al Señor y rendirte espiritualmente a Él.

A veces confundimos la oración con una acción más que con algo permanente. Permanece en Cristo, ten intimidad con Dios, y la oración poderosa puede ser tan simple como sostener dos panes y cinco peces y agradecer a Dios por alimentar a miles.

Capítulo 4

Precisión y persistencia

La mayoría de los automóviles ahora incluye control de crucero. Presionamos un botón, el automóvil toma el control y viajamos a una velocidad constante. A menos que ocurra algo que nos obligue a pisar el freno, por lo general, estamos conformes con este sistema de control automático. Si bien esta forma de viajar puede ser buena para un automóvil, es inaceptable para la vida cristiana.

Si tu vida espiritual está en control de crucero, significa que has quitado tu pie del acelerador. Y puedo asegurarte que un cristiano que usa el control de crucero nunca experimentará el nivel de la realidad de Dios que Él ha diseñado para su vida.

Comenzamos nuestra semana el domingo cuando vamos a la iglesia, y después cuando salimos del estacionamiento activamos el control de crucero espiritual. Sencillamente, dejamos que la vida cristiana continúe hasta que apagamos el sistema de control automático el siguiente domingo en la mañana para ir a la iglesia... y luego volvemos a activarlo durante otra semana.

Tal vez, *en este momento*, estés andando en control de crucero. Mi objetivo al estudiar la oración del reino en las Escrituras es animarte a pisar el freno: quitar el sistema de control automático de tu vida. Al final de este libro, espero que permitas que Dios te guíe en las diversas dimensiones de tu vida a través de este proceso íntimo e imperativo llamado oración.

En 1 Crónicas 14:2, leemos: «Y entendió David que Jehová lo había confirmado como rey sobre Israel, y que había exaltado su reino sobre su pueblo Israel». David había sido bendecido como rey. Dios tomó a un pastorcillo y lo formó hasta colocarlo en una posición preminente. Durante este tiempo de bendición David se enfrentó a un problema. Leemos en el versículo 8: «Oyendo los filisteos que David había sido ungido rey sobre todo Israel, subieron todos los filisteos en busca de David. Y cuando David lo oyó, salió contra ellos».

¿No es así cómo funciona la vida a veces? Tan pronto como recibes una bendición, algo parece ir mal. Estás alabando a Dios por lo que hizo en la mañana, y por la tarde estás enfrentando a los filisteos. David supo que Dios lo había exaltado, pero luego se dio vuelta y descubrió que el enemigo venía detrás de él.

Aquí es donde las cosas realmente se pusieron interesantes. El enemigo fue a complicar la vida de David en medio de su bendición. Sabemos que la primera reacción de David fue ir a la guerra contra ellos, pero de repente recuerda que aún no había orado. Estaba haciendo las cosas por su cuenta.

Es momento de hacer un alto... y orar

David reconoce que estaba actuando por sí solo, y hace algo al respecto. No sigue en sistema de control automático. Le hace una pregunta a Dios: «¿Subiré contra los filisteos? ¿Los entregarás en mi mano? Y Jehová le dijo: Sube, porque yo los entregaré en tus manos» (v. 10).

Ahora bien, este no era el primer rodeo de David. Ya había estado en guerra antes. Incluso había tenido éxito en la batalla, de modo que fácilmente podría haber decidido usar una antigua estrategia o maniobra para hacer frente a esta situación, pero no lo hizo. Más bien, David acudió al Señor y comenzó con una pregunta: «¿Subiré contra los filisteos?». Es una pregunta extraña, porque vimos en el versículo anterior que David ya había salido al encuentro de sus enemigos.

Sin embargo, le pregunta: «Dios, ¿debo seguir adelante? *Planeo* hacerlo. *Pienso* que debería hacerlo. Creo que puedo hacerlo, pero ¿es lo que tú quieres que haga? ¿Debo ir contra ellos?».

David hace dos cosas importantes. Primero, formula una pregunta específica. Segundo, reconoce que ya ha dado el primer paso antes de orar para pedir dirección, por lo que se detiene para hacer una oración precisa en busca de una respuesta precisa. *¿Sigo adelante, Dios, o tienes otro plan?*

Ora específicamente y con anticipación

La sencilla razón por la que muchas de nuestras oraciones llegan solo hasta el cielo raso es porque son tan generales que, al final, no dicen nada.

«Dios, guíame».

«Señor, bendice este día».

«Señor, cubre a mi familia».

«Padre, ayúdame en mi trabajo».

«Dios, dame fuerzas y buena salud».

«¿Qué tal una pareja?». O si la condición de tu matrimonio es inestable: «Te ruego que afirmes nuestro matrimonio».

¿Algunas de estas oraciones te suenan conocidas? Con demasiada frecuencia hacemos oraciones generales cuando la respuesta que necesitamos no es general. Necesitamos una respuesta específica, pero ni nos tomamos la molestia de suspender nuestras ocupaciones para hacer una oración específica.

> *Dios merece ser el primero. La oración del reino tiene tanta consideración del Rey, que acude a Él primero.*

Otra razón por la que no vemos más de Dios es que no nos anticipamos a invitarlo. Queremos traer el cielo después que estamos en dificultades o cuando ya estamos en medio del problema. Sin embargo, Dios quiere que le consultemos a Él antes de abrir la boca para contárselo a otra persona. Por eso la Biblia usa mucho la palabra *primero*. El *primer* mandamiento es amar al Señor tu Dios (Mt. 22:37) «para que en todo [Jesús] tenga la *preeminencia*» (Col. 1:18). Honra a Dios «con las *primicias* de todos tus frutos» (Pr. 3:9). Dios no quiere ocupar el último lugar en tu vida.

Al fin y al cabo, Él es Dios. Merece ser el primero. Tú eres un ser finito, lo cual significa que estás limitado. Dios es infinito; es decir, que no tiene ninguna limitación. Tú conoces lo que es y puedes mirar atrás y ver lo que fue. Dios sabe lo que fue, lo que es, lo que será y lo que pudo haber sido. La oración del reino tiene tanta consideración del Rey, que acude a Él primero.

Dios es el único que puede responder la pregunta: «¿Qué pasaría si...?». Dios es el único que sabe cuál es el mejor curso de acción que debes tomar. O las mejores palabras a decir en la conversación que estás a punto de tener. O el mejor uso de tu tiempo, y la lista sigue y sigue. David consultó a Dios, porque creía que Dios tenía más información que él. David oró, porque entendía el valor de comunicarse con Dios. Cuando lo hizo, recibió la respuesta de Dios: «Sube, porque yo los entregaré en tus manos» (1 Cr. 14:10). Dios no solo le dijo a David qué hacer, sino también cuál sería el resultado.

Cuando obtienes información tan precisa, puedes seguir adelante con certeza. Ya no adivinas. Esta es la razón por la que, en el Nuevo Testamento, Jesús no hacía nada sin primero consultar a su Padre. Ahora bien, si el Hijo de Dios —que es Dios— consultaba a su Padre antes de hacer cualquier cosa, ¿cuánto más tú y yo, que ni remotamente estamos cerca de ser Dios, tenemos que consultar a Dios antes de hacer cualquier cosa?

David oró a Dios por una respuesta específica para una necesidad específica. La mayoría de nosotros, por una razón u otra, no oramos así. Hacemos oraciones generales y no invitamos a Dios a obrar en momentos específicos. Por lo tanto, terminamos por desperdiciar muchos momentos particulares o por meternos en aprietos.

Es de destacar que, ante una situación similar, el rey David vuelve a orar por dirección. Leemos:

> Y volviendo los filisteos a extenderse por el valle, David volvió a consultar a Dios, y Dios le dijo: No subas tras ellos, sino rodéalos, para venir a ellos por delante de las balsameras. Y así que oigas venir un estruendo por las copas de las balsameras, sal luego a la batalla, porque Dios saldrá delante de ti y herirá el ejército de los filisteos. Hizo, pues, David como Dios le mandó, y derrotaron al ejército de los filisteos desde Gabaón hasta Gezer (vv. 13-16).

Esta vez, Dios respondió de una manera totalmente distinta a una pregunta muy similar. Una vez más, David se prepara para luchar contra los filisteos. La vez anterior, el Señor le dijo que subiera y los enfrentara; pero esta vez, le da instrucciones diferentes. El hecho es que cuando Dios nos da una respuesta clara a la oración o una guía y dirección bien definidas, no debemos pensar que se aplica a cualquier situación. Dios es flexible y sus métodos cambian. Sigue el ejemplo de David y consulta a Dios en cada situación. Si David hubiera pensado que la primera instrucción serviría para la segunda batalla, sus tropas habrían sido aniquiladas.

Ahora bien, puede que estés pensando: *Bueno, la historia de David está en el Antiguo Testamento, cuando Dios hablaba con las personas y podían escuchar claramente su voz.* Si bien es cierto que era en el Antiguo Testamento cuando Dios se comunicaba verbalmente con su pueblo, hoy día no ha dejado de hacerlo. Lo hace a través de su Palabra y de su Espíritu Santo (ver Jn. 14:26; 16:13; 1 Co. 2:9-13). No importa cómo Dios decida hablarnos, debemos mantenernos firmes ante la verdad de que si lo buscamos, lo encontraremos. Si acudimos a Él, lo escucharemos.

La lección a aprender de David y su batalla es que debemos buscar a Dios en oración antes de dar un paso. Recurre a la oración de la misma manera que recurres a un GPS *antes* de comenzar a conducir. La oración es una herramienta para acceder a Dios con anterioridad a cada situación de la vida. Así como enciendes el GPS antes de perderte, hazte el hábito de buscar la dirección precisa de Dios antes de iniciar una deliberación o tomar una decisión. Al igual que David, descubrirás que las cosas transcurren mucho mejor de esa manera y recibirás la respuesta más específica y completa a tus oraciones.

Ora con persistencia

Orar con precisión es un componente decisivo para la respuesta a la oración; pero orar con persistencia también entra en juego. Las dificultades tienen una forma de aumentar la intencionalidad de nuestras oraciones. Pero cuando pasa el tiempo y no vemos un avance, es fácil pensar que nuestras oraciones no están sirviendo de nada y dejamos de orar o nos damos por vencidos.

Sin embargo, Jesús no quiere que dejemos de orar. Para mostrarnos cuán importante es la persistencia, nos enseñó este principio mediante una parábola, la historia de una mujer persistente (Lc. 18:1-6).

La mujer persistente

En cierta ciudad vivía un juez que no temía a Dios ni a los hombres. No le importaba lo que los demás pensaran o dijeran de él, sino que descansaba en su posición de juez. Este juez escuchaba numerosos casos. Se lo podría comparar con lo que al comienzo de nuestra historia estadounidense era un juez de circuito, alguien que viajaba de pueblo en pueblo para juzgar casos y resolver disputas. Con el tiempo, este juez se ganó la reputación de «juez injusto» (v. 6). Jueces como este eran objetivos fáciles para los sobornos que los ricos pagaban a cambio de resoluciones favorables.

La mujer de nuestra historia no era rica. Como viuda, era muy probable que tuviera poco dinero o influencia. Ver como ella se representa a sí misma nos revela que no tenía a nadie que la defienda. No podía pagar una representación legal, y al parecer nadie en su familia se había ofrecido a ayudarla. No tenía ninguna probabilidad de obtener un veredicto justo en su caso; sin embargo, independientemente de la imposibilidad de justicia, no se dio por vencida. Persistió y lo hizo sola.

Jesús no nos dio detalles de su caso, como cuáles eran los cargos o qué injusticia se había cometido contra ella. Eso no es lo que importa. Lo importante es cómo actuó. Cuando se enfrentó con alguien que estaba dispuesto a hacerle mal y sin capacidad, dinero o poder para detenerlo, esta mujer recurrió a la ley.

Sin embargo, la historia muestra claramente que al juez no le importó que esta mujer hubiera sido víctima de una injusticia y que estuviera buscando su ayuda. No estaba conmovido por su difícil situación y no le importaba que esta mujer tuviera derechos legales.

Lo que Jesús señala mediante esta historia es que, a pesar de que el juez no tenía un corazón sensible para ayudar a la mujer, sí intervino a su favor solo por la persistencia de ella. Como Cristo explica: «Y él no quiso por algún tiempo; pero después de esto dijo dentro de sí: Aunque ni temo a Dios, ni tengo respeto a hombre, sin embargo, porque esta viuda me es molesta, le haré justicia, no sea que viniendo de continuo, me agote la paciencia» (Lc. 18: 4-5).

El juez cansado

El juez estaba harto. Esta mujer había ido a verlo con su problema continuamente, una y otra vez. Pero su insistencia no lo llevó finalmente a preocuparse por el problema de esta mujer, sino a preocuparse por sí mismo y por su propia tranquilidad. Por eso, le concedió lo que ella estaba pidiendo. Le otorgó la protección legal que le pertenecía por derecho.

Sabemos cuán pesado le resultó la tenacidad de esta mujer al juez injusto, porque la expresión griega que se traduce como «me agote la paciencia» literalmente significa «me deje un ojo morado». Dejarle un ojo morado significaba arruinarle su reputación. La mujer no solo estaba agotando mentalmente al juez injusto, sino que sabía que si seguía insistiendo podía arruinarle su reputación debido a la negativa de cumplir con su obligación legal como juez. La ley estaba de su lado. Evidentemente, esta mujer estaba compareciendo ante un tribunal público para denunciar la falta de idoneidad del juez. Para ella ese asunto reflejaba la incapacidad del juez. Por eso cuestionó su reputación, y lo hizo públicamente.

Jesús hace un interesante contraste entre la viuda y el juez injusto y nosotros ante Dios mismo. «¿Y acaso Dios no hará justicia a sus escogidos, que claman a él día y noche? ¿Se tardará en responderles? Os digo que pronto les hará justicia. Pero cuando venga el Hijo del Hombre, ¿hallará fe en la tierra?» (vv. 7-8). Jesús dice claramente que si un juez injusto, que no se preocupa por la justicia ni por la persona que presenta la demanda, responde a una mujer debido a su persistencia, ¿cuánto más Dios, que es justo, recto y compasivo, nos concederá el derecho legal que nos pertenece por medio de Él y su pacto?

La oración persistente, basada en la ley de Dios, constituye un asunto del reino, y Dios se preocupa por su justa reputación.

La viuda era una extraña para el juez. Nosotros no somos extraños para Dios. Somos los escogidos de Dios, somos sus hijos. Tú y yo, que pertenecemos a Jesucristo, somos sus escogidos. Si un juez injusto otorga protección legal a un extraño para proteger su propia reputación, ¿cuánto más Dios hará justicia a sus propios hijos, no solo por el bien de su propio nombre, sino por el bien de aquellos a quienes ama? Jesús lo deja en claro: No tardará en responder cuando lo busques a Él como la mujer buscó al juez.

La oración persistente, basada en la ley de Dios, constituye un asunto del reino, y Dios se preocupa por su justa reputación. No obstante, demasiados cristianos ven la imposibilidad que enfrentan en lugar de ver el poder de Aquel a quien se dirigen. Así que simplemente se dan por vencidos demasiado pronto o no unen su petición a la Palabra de Dios.

Apelación a la autoridad justa

Jesús incluye un término interesante en esta parábola. De hecho, aparece dos veces. Ese término es «justicia» (vv. 3, 5). La cuestión no era si el juez conocía a la mujer, si le caía bien o si incluso sentía pena por la mujer; la cuestión era la justicia. Ella estaba buscando la justicia que le pertenecía por derecho.

Si eres ciudadano de los Estados Unidos, posees ciertos derechos y privilegios que vienen con tu ciudadanía. Puesto que perteneces a este país, existen derechos constitucionales por los cuales, si se violan, puedes apelar ante los tribunales. Por supuesto que también es posible ser ciudadano de los Estados Unidos y poseer derechos que desconoces o que no aprovechas al máximo. El hecho de que seas ciudadano estadounidense no significa automáticamente que te estés beneficiando totalmente de tu derecho de nacimiento. Necesitas conocimiento y acceso para aprovechar la autoridad del reino que te pertenece.

De igual modo, como creyentes en Cristo e hijos del Rey, somos ciudadanos de los cielos. Cada uno de nosotros, que ha nacido de nuevo en la familia de Dios, posee derechos y privilegios que provienen de ese derecho de nacimiento disponible a través de la cruz. Sin embargo, así como ignorar tus derechos y privilegios como ciudadano de los Estados Unidos puede alejarte potencialmente de ellos, lo mismo puede sucederte con lo que te pertenece como ciudadano del reino celestial. Como tal, se te ha concedido acceso al cielo para recibir ayuda en la tierra. Este es un derecho de pacto sellado con sangre para los que pertenecen al reino de Dios (He. 4:16).

Ten en cuenta que los problemas que quizá estés enfrentando en tu vida o los obstáculos que están estorbando tus oraciones pueden ser problemas relacionados con los derechos del pacto que posees. Si lo son, puedes apelar a Dios basado en tu posición legal y tus derechos. Eres libre de hacerlo responsable de sus propios preceptos y su verdad. Y eres libre de recordarle persistentemente en oración lo que te pertenece por derecho bajo su ley. A pesar de que al juez injusto no le interesaba la mujer, respondió a su pedido y le dio lo que le pertenecía por derecho, porque ella lo confrontó una y otra vez con la ley.

Dios es un Dios de pacto. También es un Dios de su Palabra. Se ha obligado a sí mismo a cumplir su Palabra, porque su nombre y su reputación están ligados a lo que Él mismo ha dicho. Está atado a sus propios acuerdos de pacto. Y debido a que Dios es justo por naturaleza, está comprometido con su propia norma de justicia y obrará de acuerdo con su propio pacto.

Los problemas que surgen en nuestra vida de oración se deben a que muy pocos de nosotros comprendemos realmente cuáles son nuestros derechos espirituales. Si la viuda no hubiera sabido a qué tenía derecho por ley, no hubiera apelado ante el juez injusto. Sin embargo, debido a que conocía la ley y sabía lo que el juez estaba legalmente obligado a concederle, fue una y otra vez a reclamarle lo que le pertenecía por derecho. Su conocimiento de la ley le dio una base sobre la cual apoyarse.

Tu conocimiento de las promesas y los preceptos de Dios te dará una base sobre la cual apoyarte en tus oraciones. Debido a que la viuda conocía la ley y seguía apelando al juez conforme a la ley, recibió lo que le correspondía. Si un juez injusto se somete a la ley aunque no la tenga en cuenta, piensa cuánto más un Dios santo y justo te otorgará lo que te pertenece por derecho como su hijo cuando se lo pidas. Dios está obligado a cumplir su Palabra y eso te da autoridad en la oración del reino.

Debes orar de acuerdo con las promesas de Dios. Cuando conoces tus derechos basados en su verdad, puedes invocar a Dios con autoridad para obtener lo que te corresponde gracias al estado legal que recibiste por medio de la sangre de Jesucristo y el nuevo pacto. La mejor manera de orar es recordarle a Dios su propia Palabra.

Abre tu Biblia y ora: «Dios, déjame mostrarte lo que dijiste, porque tú no mientes [ver Tit. 1:2]. Esto es lo que dijiste, y esto es lo que te estoy pidiendo en el nombre de Jesús». Este tipo de oraciones, basadas en la Palabra de Dios, reciben respuesta. Y la reciben rápido como afirmó Jesús: «Os digo que pronto les hará justicia» (Lc. 18:8). Cuando esté listo para obrar, lo hará rápido.

En términos de lo que Dios ha escrito, Él está comprometido primero y ante todo con su Palabra, con su pacto. Dios no está comprometido con lo que tú piensas o con lo que otros piensan. Ni siquiera está comprometido con lo que sientes.

No obstante, Él está obligado a cumplir su Palabra.

Si aprendes a orar de acuerdo con su Palabra, serás testigo de una nueva dimensión sobrenatural. Verás al Rey intervenir en función de su ley y su autoridad, y en respuesta a tus oraciones bien fundadas y persistentes.

Capítulo 5

Acceso al poder

Cuando era un niño en Baltimore, la «piscina» de mi barrio aparecía cualquier noche calurosa del sábado cuando el jefe de bomberos venía y abría el hidrante. Nos poníamos los pantalones cortos y todos los niños del vecindario salíamos corriendo después que el jefe de bomberos se iba y nos divertíamos jugando en el agua que emanaba del hidrante.

Sin embargo, una cosa siempre me intrigaba sobre aquel misterioso hidrante rojo, hasta un día que le pregunté a mi padre: «¿Cómo puede este grifo contener toda esta cantidad de agua?». Emanaba agua durante horas y no podía imaginar cómo un grifo de 90 cm podía contener tanta agua.

Mi papá me lo explicó rápidamente. «Hijo, ese grifo no contiene nada de agua. El agua se encuentra en el reservorio: el Reservorio de Druid Hill. Lo único que hace el hidrante es traer el agua desde allí». Luego me explicó que el reservorio nunca se agotaba porque cuando llovía se volvía a llenar. De esta forma, el departamento de incendios tenía acceso a suficiente agua cuando lo necesitaban mediante un sistema de tuberías subterráneas que conectaba al hidrante con el reservorio.

La conexión invisible que trasportaba el agua eran las grandes tuberías subterráneas. Ese pequeño hidrante podía suministrar agua con tanta potencia porque, en realidad, estaba conectado a una enorme fuente de agua. Mi padre me explicó: «Si no hay conexión, no hay agua».

Para parafrasear las palabras de mi padre, si no hay una conexión permanente con Dios mediante la oración, no hay acceso a los vastos recursos de la autoridad y el poder del reino de Dios. Él es el reservorio y tiene poder para suplir todo lo que necesitas, pero tiene que haber una conexión en el interior de tu ser, en tu alma y tu espíritu. De lo contrario, cuando quieras acceder a lo que necesitas, no encontrarás nada allí. Recuerda que no es el hidrante el que suministra el agua; es el reservorio. Y la conexión que suministra la potencia es nuestro Dios infinito.

DIOS *ES* PODEROSO, PERO ¿ESTAMOS CONECTADOS?

Dios *es* poderoso, pero debes estar conectado con Dios para beneficiarte de su poder. El apóstol Pablo describe ese poder abundante cuando sigue escribiendo en Efesios 3: «Y a Aquel que es poderoso para hacer todas las cosas mucho más abundantemente de lo que pedimos o entendemos, según el poder que actúa en nosotros» (v. 20).

Probablemente, has escuchado este versículo antes. A todos nos gusta declarar que Dios es poderoso, especialmente cuando necesitamos que haga algo. No obstante, analicemos más de cerca este pasaje, porque sus palabras encierran algunas importantes verdades.

«Y a Aquel» nos señala hacia arriba, a Dios. Nos lleva a poner nuestros ojos en Dios porque Él es la Fuente de todo el poder. Luego, Pablo explica que Dios «es poderoso para hacer todas las cosas mucho más abundantemente de lo que pedimos o entendemos». Esa es la mejor noticia que podemos recibir, especialmente cuando estamos desmayando. Dios *es* poderoso.

Daniel conectado en oración

Esas palabras me hicieron pensar en las cosas específicas que Dios puede hacer, así que busqué algunos pasajes de las Escrituras que dicen que Dios «es poderoso». Primero encontré la historia de Sadrac, Mesac y Abednego en Daniel, capítulo 3. Estos jóvenes tenían un problema. El rey Nabucodonosor había ordenado a todos que se postraran ante una imagen que él había erigido como muestra de lealtad o serían arrojados a un horno de fuego. Estos tres jóvenes judíos se negaron a hacerlo porque Dios era su único Dios verdadero y no podían inclinarse ante el enorme ídolo.

Nabucodonosor estaba furioso y preguntó: «¿Y qué dios será aquel que os libre de mis manos?». Y los tres jóvenes respondieron al rey con confianza: «He aquí nuestro Dios a quien servimos puede librarnos del horno de fuego ardiendo; y de tu mano, oh rey, nos librará» (3:15, 17).

Sadrac, Mesac y Abednego sabían que Nabucodonosor tenía el horno. Sabían que tenía el fósforo. Sin embargo, también sabían algo que el rey Nabucodonosor no sabía: su Dios *podía* librarlos de las ardientes circunstancias de la vida, circunstancias que querían acabar con ellos. Y Dios lo hizo.

Echemos también un breve vistazo a Daniel. El rey había dictado una ley que decretaba que la gente no podía orar a ningún otro dios que no fuera el dios de los medos y persas por un período de treinta días (Dn. 6). Cuando Daniel escuchó este edicto, fue a su casa, abrió las ventanas, se arrodilló y oró al Dios del cielo.

Ahora bien, la mayoría de nosotros —para empezar, si fuéramos lo bastante valientes como para ir en contra de este decreto—, probablemente, nos hubiéramos escabullido a casa, hubiéramos cerrado las ventanas para que nadie nos viera y hubiéramos orado de pie; pero ese no era el patrón de Daniel. De manera que siguió con su costumbre. Oró con las ventanas abiertas en dirección a Jerusalén, donde se encontraba el templo de Dios. Se arrodilló y oró con valor (Dn. 6:10), hasta que finalmente «se juntaron aquellos hombres, y hallaron a Daniel orando y rogando en presencia de su Dios» (v. 11). Informaron de la actividad al rey y lo incitaron a que hiciera cumplir su edicto, lo que requería que cualquier infractor fuera arrojado al foso de los leones. Y eso es exactamente lo que hizo el rey Darío. Sin embargo, a la mañana siguiente, el rey fue al pozo y le gritó desde arriba: «Daniel... el Dios tuyo... ¿te ha podido librar de los leones?» (v. 20). Y allí estaba Daniel, alabando a Dios, vivo y sin ni siquiera un rasguño. Dios es poderoso.

Dos hombres ciegos conectados por la fe en Jesús

No entiendas mal. Dios no siempre te libra *de* la aflicción. Algunas veces te guía *a través* la aflicción y otras veces te sostiene *en medio* de la aflicción. Sin embargo, puedo testificar que *Dios es poderoso*. En Mateo 9, dos hombres ciegos fueron a Jesús, Dios encarnado en la tierra, y le pidieron que les hiciera ver. El Señor les hizo una pregunta a cambio: «¿Creéis que puedo hacer esto?» (v. 28).

Jesús quería saber si pensaban que podía hacerlo.

¿Estamos conectados por la fe?

A veces esa es una pregunta que Jesús también quiere saber de nosotros. Amigo, ¿crees que Cristo puede hacerlo? ¿Puede sanar tu enfermedad aun cuando los médicos no tienen respuesta? ¿Puede restaurar tu matrimonio cuando parece que no hay esperanzas? ¿Puede traer una solución a tu carrera laboral, tus finanzas o incluso tus emociones? Jesucristo *es* poderoso.

Hebreos 7:25 dice que Jesús «puede salvar por completo» (NVI). Él puede tomar a los que no crees que *podrían* ser salvos y traerlos a la familia de sus santos. Jesucristo es poderoso.

En 2 Corintios 9:8 dice que «poderoso es Dios para hacer que abunde en [nosotros] toda gracia, a fin de que, [tengamos] siempre en todas las cosas todo lo suficiente». Dios puede suplir todas tus necesidades. Y no solo eso, sino todo lo suficiente, es decir *en abundancia*.

> *Los hijos de Dios actuarán porque saben que Dios es poderoso.*

Judas 24 dice que Dios «es poderoso para [guardarnos] sin caída». Él puede sostenernos. Daniel declaró: «El pueblo que conoce a su Dios se esforzará y actuará» (11:32). Los hijos de Dios *enfrentarán* cualquier situación, pero no de manera pasiva; sino *con acción*. Se *moverán*. *Actuarán*, porque conocen a su Dios y por lo tanto, tienen *poder*. ¿Por qué? ¡Porque saben que Dios *es poderoso*!

Conectados mediante la oración

Ahora bien, echemos un vistazo nuevamente a Efesios 3:20-21: «Y a Aquel que es poderoso para hacer todas las cosas mucho más abundantemente de lo que pedimos o entendemos, según el poder que actúa en nosotros, a él sea gloria en la iglesia en Cristo Jesús por todas las edades, por los siglos de los siglos. Amén».

Jesús es poderoso para hacer mucho más de lo que puedes pedir o incluso entender. Se manifiesta de manera que no puedes imaginar. De tal manera que te quedas perplejo y dices: «¿De dónde vino esto? ¿Cómo sucedió esto?». Y de tal manera que es imposible que te atribuyas el mérito. Cuando estás desmayando, no estás buscando algo común y corriente. Cuando estás desmayando, estás buscando algo fuera de lo común. Dios obra en las situaciones sin esperanza con poder. Quiere que sepas que Él *es* poderoso.

Sin embargo, hay una condición: una condición que a menudo pasamos por alto. La condición es que Dios actúa «según el poder que actúa en nosotros» (v. 20b). Eso tiene que ver con nuestra conexión con Dios mediante la oración y su Espíritu.

Sí, Dios *es* poderoso. Sí, Dios puede hacer «mucho más abundantemente de lo que pedimos» o imaginamos. Sí, Dios puede dar mucho más de lo que crees que es posible, al igual que el pequeño hidrante, de donde puede brotar un continuo flujo de agua a pesar de su tamaño. Sin embargo, al igual que con el hidrante, a menos que estés conectado con Dios mediante una intimidad relacional y una comunicación y oración del reino, servirá de poco o nada que Él sea «poderoso».

Debes conectarte con Cristo a través de su presencia en ti para acceder a lo que Él puede hacer. Dios mira el poder en tu interior antes de determinar la acción externa. Si no hay poder del reino dentro de ti porque Cristo no está habitando en ti y no estás siendo lleno hasta rebosar, tampoco habrá poder del reino que salga de ti. Dios no podrá expresarse al nivel de su capacidad porque el poder interno determina el poder externo.

Debes abrir cada habitación de tu vida para que Él fluya a través de ti. Si no has invitado a Jesús a todas las áreas de tu vida, no tendrás su poder en tu vida ni en tus oraciones. La intimidad determina la capacidad.

Regresemos a las Cataratas del Niágara para ilustrar esto. Tal como recordarás, como visitante, no experimentas realmente las cataratas hasta que te subes al barco, *Sirvienta de la neblina,* y navegas lo más cerca posible. Ahora imagínate que estás en ese barco con un dedal que planeas llenar con un poco de esa agua. Si te inclinas sobre la barandilla del barco y lo llenas de agua, tendrás un dedal con agua del río Niágara, pero eso es todo lo que obtendrás. A pesar de las cascadas de agua que caen en gran cantidad desde la parte superior de las cataratas, una vez que ese dedal se llena, todo lo demás se derramará sobre el barco o volverá a caer al río.

> *Abre cada habitación de tu vida para que Él fluya a través de ti.*

Ahora bien, si tuvieras un vaso y lo sostuvieras para recoger un poco de agua, sin duda obtendrás más agua que con un dedal. No obstante, insisto, es solo un vaso. Una vez que el agua llega al borde del vaso, no se podrá llenar más. Todo el resto simplemente se desbordará y se derramará en el barco o volverá a caer al río.

¿Qué pasa si trajeras un recipiente grande? Sí, obtendrías más que un dedal de agua o un vaso de agua; pero aun así no obtendrías más que un balde de agua, porque una vez que el recipiente se llene, eso es todo lo que el Niagara te dará. No porque no pueda darte más o porque no tenga más; sino porque tú no puedes contener más. Aunque llevaras un barril para llenarlo de agua, el resultado sería el mismo. Recogerías mucha más agua; pero una vez que ese barril se llene, eso es todo lo que obtendrás.

Incluso si pudieras llevar un camión cisterna al lecho del río Niagara y llenaras su enorme tanque con agua de las cataratas, una vez que esté lleno no podrás obtener más de las cataratas. Las Cataratas del Niagara tienen mucho que ofrecer. Entonces, el problema no sería cuánto pueden dar las cataratas, sino cuánto tú puedes contener.

Mira, muchos de nosotros queremos un camión cisterna lleno de oraciones contestadas cuando solo tenemos un dedal lleno de relación. Estamos enfrascados en orar por bendición tras bendición y poder tras poder; queremos liberación, guía, paz y todo lo demás. Sin embargo, el poder de la oración está ligado al tamaño del contenedor. Es «según el poder que actúa en ti». Esta es una cláusula de medición. La medida del poder que esté actuando en ti, será la medida del poder que Dios podrá manifestar externamente.

Pablo nos exhorta a llenarnos de toda la plenitud de Dios. Cuando estamos llenos de Dios, podemos elevarnos al nivel que Él quiere para nosotros.

La persistencia en la oración aumenta la capacidad de acceder a ese poder abundante. Cuanto más aumentes esa capacidad, más situaciones podrás enfrentar. Descubrirás la posibilidad de acceder a un nivel superior de respuestas a la oración. Experimentarás el flujo del poder de Dios a través de ti y descubrirás el secreto para aumentar tu productividad, motivación y resistencia. En lugar de «desmayar», cobrarás aliento al permitir que su poder sea tu fortaleza.

PARTE 2

El contexto de la oración del reino

Capítulo 6

Fe y futilidad

«Atención con Heather Dorniden», oyó decir al locutor. *Sí, atención con Heather,* pensó mientras doblaba la curva en la última vuelta de la carrera.[1] Tres corredores iban delante de ella, demasiado lejos para alcanzarlos aunque hiciera un último y heroico trote. O eso pensarían las personas más racionales.

Para empezar, no es que Heather no fuera una excelente corredora. Lo era. De hecho, en la escuela secundaria la habían coronado cinco veces como la atleta más destacada de todo el estado. Ahora con una beca de atletismo para la Universidad de Minnesota en su penúltimo año de estudios, Heather era la favorita para quedarse con el título de esa carrera de 600 metros en el campeonato de atletismo en pista cubierta *Big Ten.*

Se proyectaba como la posible ganadora, hasta que tropezó durante su última vuelta y cayó de cabeza a doscientos metros de la línea de llegada.

A solo una vuelta de la línea de meta, Heather se tropezó con los pies de otra corredora y se cayó sobre la implacable pista. No

1. Dominique Mosbergen, «This Inspiring Runner Took a Nasty Fall But She Didn't Stay Down», *The Huffington Post,* 27 de mayo de 2014; http://www.huffingtonpost.com/2014/05/27/;runner-falls-wins-race-heatherdorniden_n_5395232.html.

fue una caída ligera. Heather sufrió una aparatosa caída que le dejó marcas en todo el abdomen. Se quedó allí varios segundos.

Para Heather, no importaba tanto haberse caído. Lo que más le importaba era que debía retomar la carrera para no perjudicar a sus compañeras en la clasificación por equipo del campeonato de atletismo femenino en pista cubierta *Big Ten*. Se levantó, relató luego, porque no quería decepcionarlas.

Con caída o sin caída, Heather terminaría la carrera.

Tras recorrer unos largos treinta metros, cuando volvió a ponerse de pie, Heather miró a las tres corredoras que estaban muy por delante.

Casi a la mitad de la última vuelta, pasó a la primera de las tres corredoras. Una gran ovación se levantó desde las gradas, mientras los fanáticos la animaban a lograr lo imposible. Al doblar la última curva del tramo final, Heather recupera la velocidad —una velocidad que ni siquiera sabía que tenía— lo que le ayuda a superar a la segunda corredora. Con solo una corredora más delante de ella, consigue pasar al frente. Cerca de la línea de llegada, Heather hizo su último esprint, ¡y ganó la eliminatoria! Finalmente, el equipo de atletismo de la Universidad de Minnesota ganaría el campeonato de atletismo femenino *Big Ten*.

Sin embargo, Heather ganó mucho más que eso en un día que la pudo haber destruido. En lugar de quedarse en el suelo, se atrevió a retomar la carrera para que, gracias a las repeticiones de Youtube, finalmente pudiera inspirar a un mundo de observadores[2] y mostrarles que, a pesar de caerse, aún se puede ganar.

«Es algo completamente inexplicable para mí además de sen-

2. Al momento de escribir esto, el video de su carrera recibió 14.7 millones de visitas en YouTube tanto en los Estados Unidos como en el extranjero.

tir un poder superior —diría más tarde—. Siento que el Señor me llenó de su poder y me dio la oportunidad de mostrar que por medio de Él pueden suceder cosas increíbles».[3]

Cosas increíbles, ¡vaya que sí! O, como diría Pablo, muchísimo más de todo lo que podamos imaginar o pedir, «mucho más abundantemente de lo que pedimos o entendemos» (Ef. 3:20), como vimos en el último capítulo. Dios puede hacer esas cosas que todos dicen que son imposibles.

Esa es exactamente la razón por la que oramos. Sabemos que Él *es* poderoso. Solo que se sabe que a veces acceder a ese «poder» es lo que nos causa algunos de nuestros propios tropiezos —así como sucedió con otra mujer cuyos problemas muchas veces la llevaron a ponerse de rodillas—, no por haber tropezado y caído, sino por el puro dolor de la oración sin respuesta.

La oración de Ana

El dolor de la falta de respuesta a su oración

La Biblia dice que nuestro cuerpo puede enfermarse físicamente cuando pasamos demasiado tiempo en un estado de desesperanza. «La esperanza que se demora es tormento del corazón» (Pr. 13:12). De esta manera encontramos a Ana tal como nos cuenta su historia en 1 Samuel. No estaba nada bien.

Ana nunca compitió en una carrera como Heather, pero no mostró menos determinación en buscar el objetivo que su corazón realmente anhelaba. Casada con un hombre en una época de la cultura bíblica cuando se aceptaban varias esposas, Ana se encontraba superada y aventajaba en la carrera que más le

3. Rick Moore, «Big Fish, Big Pond», University of Minnesota, 13 de mayo de 2009, reimpreso 5 de junio de 2009, «Heather Dorniden: The Runner Who Didn't Give Up», http://nhne-pulse.org/heather-dorniden-the-runner-who- didnt-give-up/.

importaba a las mujeres de entonces: la familia. La otra mujer de su esposo ya le había dado hijos, «mas Ana no» (1 S. 1:2).

Sabemos que su esposo la amaba profundamente, a pesar de su esterilidad, porque leemos que le «daba una parte escogida [de comida]; porque amaba a Ana, aunque Jehová no le había concedido tener hijos» (v. 5). Sin embargo, a pesar de contar con el amor de su esposo, Ana sabía que los hijos eran una garantía para su futuro y significaban un legado. Los hijos constituían una parte esencial de la vida, especialmente a medida que los padres envejecían. Ana no quería otra cosa que tener un hijo.

La rival de Ana disfrutaba de ver su fracaso una y otra vez cada año. Penina no sería considerada una buena ganadora en el campo de juego de hoy. Era una fanfarrona que constantemente se burlaba de Ana. Leemos: «Y su rival la irritaba, enojándola y entristeciéndola, porque Jehová no le había concedido tener hijos. Así hacía cada año; cuando subía a la casa de Jehová, la irritaba así; por lo cual Ana lloraba, y no comía» (vv. 6-7).

Ana estaba en una situación desesperante. No solo eso, sino que su caída —a diferencia de la de Heather— duró más que unos segundos. Se prolongó durante años. Una crisis prolongada tiene la facilidad de agotar aún más la esperanza. Las pruebas prolongadas pueden hacer que sea aún más difícil orar. Es como estar en una sala de emergencias y esperar a que pronuncien tu nombre, mientras ves a todos los demás pasar uno a uno. Cuando hay dolor, desconcierto y preocupación, el tiempo parece pasar más lento. Sin embargo, a quienes te rodean ni siquiera parece importarles. Si no tienes cuidado, tus sentimientos pronto dominarán tu fe.

Si un doctor hubiera podido examinar a Ana, lo hubiera atribuido a una anomalía biológica. Sin embargo, como lo revela el versículo 5, no había nada malo en el cuerpo de Ana. Más bien, el Señor había cerrado su vientre.

El problema de Ana no era físico en absoluto; sino espiritual, como muchos de los problemas que enfrentamos hoy. La razón por la que Ana no podía concebir era que Dios mismo lo estaba impidiendo.

Del mismo modo, muchos de los problemas, el vacío, la esterilidad o las complicaciones que enfrentamos en nuestra propia vida no están tan vinculados al ámbito físico como podrían parecer. Es un recordatorio de no juzgar lo que enfrentamos solo por lo que podemos ver. En cambio, cada uno debería preguntarse si Dios tiene algo que ver con nuestra incapacidad de producir, dar fruto, tener éxito o lograr objetivos. La limitación física de Ana y la irritación emocional por parte de su rival tenían una razón, que Dios revelaría en un momento posterior. Las pruebas y los problemas que tal vez estés enfrentando en este momento también podrían tener una razón. Si hace mucho tiempo que estás orando por algo, y sientes que no estás llegando a ninguna parte, pídele a Dios que te revele lo que está haciendo en lo secreto. Puede que no, pero a veces el solo hecho de entender que hay en juego un plan mucho más grande para el reino puede darte la paciencia que necesitas durante los tiempos de espera.

A pesar de la falta de respuesta a su oración, Ana nos muestra qué debemos hacer cuando nuestras oraciones no tienen respuesta durante mucho tiempo. Su vacío no le había impedido ir al templo cada año, inclinar su cabeza en oración o buscar lo espiritual. Ella «no perdió la esperanza» de que ocurriera un cambio en su vida.

Las lágrimas de sus oraciones

Un día, todo pareció ser demasiado para Ana. En desesperación, se quebrantó y lloró.

Algunas veces está bien llorar. Está bien llegar a ese punto en el que admites que no puedes seguir adelante, a menos que Dios intervenga. La vida es dura. Ana no podía soportar más, y las Escrituras dicen que «con amargura de alma... lloró» (v. 10).

El llanto abundante de Ana significaba que había llegado al final de sus fuerzas. Su dolor era tan profundo que no encontraba alivio.

El llanto amargo, por lo general, ocurre cuando hemos perdido toda esperanza de que algo cambie. En esos momentos de desesperación es cuando aparecen en nuestra mente acciones desesperadas: cosas que normalmente no haríamos. Para Ana fue una decisión muy difícil renunciar al hijo que tanto anhelaba. Si Dios le daba un hijo, ella se lo entregaría nuevamente a Él. Entonces oró «e hizo voto, diciendo: Jehová de los ejércitos, si te dignares mirar a la aflicción de tu sierva... y no te olvidares de tu sierva, sino que dieres a tu sierva un hijo varón, yo lo dedicaré a Jehová todos los días de su vida, y no pasará navaja sobre su cabeza» (v. 11).

El motivo de su oración, y el de nosotros

Hacía años que Ana estaba orando para quedar embarazada. Su deseo de tener un hijo era tan fuerte que estaba dispuesta a desprenderse de lo que más deseaba si solo podía tenerlo por un tiempo. Eso nos lleva a un punto muy importante con respecto a la oración. Al orar, Ana le mostró a Dios lo que ganaría si respondía su oración. Se enfocó en Él, en cómo se favorecería su reino y sería glorificado su nombre. Ese es un corazón sometido a Dios.

Casi nunca consideramos cómo se beneficiará Dios cuando responda nuestras oraciones. Prestamos tanta atención a lo que queremos, que olvidemos que este mundo y nuestra vida fueron creados para los propósitos de Dios. Él tiene un plan. Tiene una agenda del reino. Si quieres que Él responda tus oraciones o conceda tus peticiones, entonces considera en qué se beneficiará Dios y su reino con esa respuesta. Si no benefician en nada, entonces tendrás que reconocer que estás pidiendo con motivos egoístas y no con un corazón que ama primero a Dios (Lc. 10:27). La Palabra nos exhorta a poner a Dios primero en nuestra vida, y sin embargo, muchas veces ni siquiera pensamos en Él o consideramos sus deseos y su voluntad cada vez que oramos.

Si quieres que Él responda tus oraciones, entonces considera en qué se beneficiará Dios y su reino con esa respuesta.

Hazte estas preguntas con respecto a tus oraciones:

- ¿Es para beneficio de otros lo que estoy pidiendo?
- ¿Si Dios concede mi petición, traerá gloria a su nombre?
- ¿Cómo ayudará mi petición al cumplimiento de la agenda del reino de Dios en la tierra?
- ¿La respuesta a mi oración me ayudará a servir más a Dios?

Este tipo de preguntas te ayudará a alinear la motivación de tu corazón con la voluntad de Dios. Ana quería un hijo, sí. Sin embargo, ante todo sabía que su vida estaba sujeta a Dios y su autoridad. Entonces tomó una decisión estratégica con respecto a su necesidad de oración. La puso en las manos de Dios. Literalmente, decidió rendirle el deseo de su corazón. Y recuerda que no se trataba de un deseo pequeño. Ana deseaba tener un hijo con todas sus fuerzas.

Aun su comportamiento reflejaba el de una mujer acongojada por su dolor mientras hacía su voto al Señor. El sacerdote que estaba cerca mientras Ana oraba en el templo pensó que estaba borracha (v. 14). Ana estaba desconsolada. A veces los problemas pueden llegar a ser tan profundos que las lágrimas no solo brotan de nuestros ojos, sino también de nuestra alma. Con respeto y sinceridad, Ana corrigió al sacerdote equivocado:

> No, señor mío; yo soy una mujer atribulada de espíritu; no he bebido vino ni sidra, sino que he derramado mi alma delante de Jehová. No tengas a tu sierva por una mujer impía; porque por la magnitud de mis congojas y de mi aflicción he hablado hasta ahora (vv. 15-16).

Lecciones de Ana y Heather

El sacerdote escuchó más que las palabras de Ana; escuchó su corazón. Le creyó, la bendijo y le anunció que Dios le daría el hijo por el que estaba orando.

En las Escrituras leemos que cuando Ana oyó lo que el sacerdote le dijo, le creyó, se fue y dejó de estar triste (v. 17). Tuvo fe de que recibiría la respuesta a su oración y su voto.

Ana sigue adelante con fe

Con frecuencia, al estudiar la vida de Ana, pasamos por alto lo que sucedió después. Se resume solo en dos versículos, pero que revelan mucho sobre los ingredientes de la fe. Y recuerda que la fe produce la respuesta a la oración; por lo que si estás tratando de orar con poder y autoridad, el punto principal sería tu fe. Aprendamos de Ana.

Primero, Ana procedió con fe. Para empezar, leemos que Ana comió. Había estado afligida durante tanto tiempo, no solo por su propia esterilidad sino también por las burlas de su rival, que había dejado de comer. Sin embargo, con el anuncio del sacerdote de que recibiría la respuesta a su oración, Ana regresó a un estado de calma que le permitió recuperar el apetito. Comenzó a alimentarse y a recuperar fuerzas.

Luego, en el siguiente versículo, descubrimos que Ana tuvo relaciones con su esposo, tuvo intimidad sexual. Para las parejas que han tratado de concebir año tras año, el acto de la intimidad puede convertirse en un recordatorio de cada pérdida y dolor. Puede pasar de la feliz celebración que debería ser a una tarea llena de vacío y pesar. Es mucho más que «¿para qué?», sino «no quiero recordar lo que nunca logramos». Sin embargo, Ana y su esposo no permitieron que los años de esterilidad afectaran su comportamiento. Ana y su esposo actuaron con fe, conforme al anuncio del sacerdote de que ella concebiría.

Uno de los errores que a menudo cometemos al enfrentar las diversas pruebas y retos de la vida es el de la inactividad. Cuando la montaña parece demasiado alta de escalar o demasiado grande de mover, nos sentamos y dejamos que Dios haga todo. Sin embargo, muchas veces es Dios el que nos espera a nosotros mientras creemos que estamos esperando que Él obre. Él está esperando ver si actuaremos con fe, incluso frente a lo imposible. Si Ana *no* hubiera tenido relaciones con su esposo, nunca habría quedado embarazada.

Heather siguió corriendo

Si Heather Dorniden no se hubiera levantado de la pista, nunca hubiera ganado. De hecho, siguió corriendo después de terminar la universidad. Más adelante, con casi treinta años, Heather seguía corriendo e incluso formó parte del equipo nacional de los Estados Unidos en los campeonatos mundiales de atletismo en pista cubierta y campo de la *IAFF.*[4] Su participación era poco probable, pero siguió entrenando y finalmente lo logró.

«Confiar en el plan de Dios no implica "falta de acción" —escribió más tarde Heather en su blog sobre su sorpresiva incorporación tardía al equipo nacional—, sino más bien una apertura a la operación de su poder, fuerza, valor y gracia infinitos a través de mí. Intento participar en estas carreras con confianza y propósito, vestida con la armadura de Cristo. Lo haré lo mejor que pueda con la confianza de que todo esto forma parte de un plan mucho más grande que yo, y que no estoy sola».[5]

El embarazo de Ana era mucho más grande que ella. La victoria de Heather era mucho más grande que ella. Tus oraciones y las respuestas a ellas son mucho más grandes que tú. Dios tiene un plan para tocar la vida de otros a través de ti, razón por la cual a menudo permite que lleguemos al punto en el que sabemos que es Él quien lo provocó. Sin embargo, eso no ocurrirá sin una acción vinculada a tu fe.

La fe nunca implica falta de acción. La fe es un deporte participativo. Significa actuar conforme a la verdad que Dios dice. O como me oirás decir varias veces: *La fe actúa como si algo fuera así aunque no lo sea, para que así sea solo porque Dios así lo dijo.*

Ana renuncia a sus planes por los de Dios

Ana hizo algo más que quedarse sentada a esperar que Dios enviara una cigüeña con su paquete especial. Más bien, actuó

---

4. La *IAFF* o Asociación Internacional de Federaciones de Atletismo se fundó en 1912 en Estocolmo, Suecia, después de la ceremonia de clausura de los Juegos Olímpicos en ese país. Su nombre original fue Federación Internacional de Atletismo Amateur.

5. Heather Kampf, «Monday in Minnesota—Tuesday in Poland», Heather Kampf (blog), 5 de marzo de 2014; http://goheatherkampf.com/blog/monday-in-minnesota-tuesday-poland.

conforme a la verdad de que Dios le iba a dar un hijo. Y luego, cuando Dios se lo dio, ella cumplió su voto y se lo entregó nuevamente a Él. Leemos:

> Y se quedó la mujer, y crio a su hijo hasta que lo destetó. Después que lo hubo destetado, lo llevó consigo, con tres becerros, un efa de harina, y una vasija de vino, y lo trajo a la casa de Jehová en Silo; y el niño era pequeño. Y matando el becerro, trajeron el niño a Elí. Y ella dijo: ¡Oh, señor mío! Vive tu alma, señor mío, yo soy aquella mujer que estuvo aquí junto a ti orando a Jehová. Por este niño oraba, y Jehová me dio lo que le pedí. Yo, pues, lo dedico también a Jehová; todos los días que viva, será de Jehová. Y adoró allí a Jehová (vv. 23-28).

Y esa es la segunda lección que aprendemos de Ana: no olvidó su promesa y renunció a sus propios planes por los de Dios. Hay momentos y ocasiones en la vida cuando Dios tiene un propósito específico que cumplir. A lo largo del camino, podría permitir una extraña demora o adversidad, incluso podría aparecer un obstáculo en el camino. Dios no respondió a Ana hasta que ella prometió que le devolvería lo que más deseaba: un hijo; pero no estuvo dispuesta a renunciar a su hijo hasta que llegó a una situación desesperante.

Si el Señor ha puesto en pausa tus oraciones, no te des por vencido. Si Él está demorando su respuesta, no dejes de confiar. Todo eso significa que Él te está llevando a un punto de profundidad y experiencia espiritual con Él más allá de lo normal. Él quiere asombrarte: que veas una manifestación de Él mucho más allá de lo natural en pos de un propósito superior para su reino. Muchas veces, tú y yo no abrimos nuestros ojos o nuestros corazones a la profundidad espiritual hasta que nuestra situación llega a un punto desesperante.

Dios tenía un plan especial para Samuel, el hijo primogénito de Ana. Samuel llegaría a ser un profeta de gran alcance en la tierra de los israelitas, que influiría tanto sobre las generaciones presentes como futuras. Sin embargo, si Ana no hubiera llegado a un punto de total desesperación, podría haberse aferrado a Samuel para su propio beneficio. Cuando llegó a ese punto, renunció a sus planes y honró su promesa de dar a su hijo.

A veces Dios quiere pedirnos que renunciemos a algo por Él, lo cual nunca haríamos si no estuviéramos en un momento de crisis. ¿No es eso lo que le pidió a Abraham? Le pidió que sacrificara a su hijo, su único hijo con Sara, el hijo que amaba. Cuando Abraham, con fe, le dio su hijo al Señor, Él se lo devolvió.

Las oraciones poderosas son oraciones que incluyen dar

Lucas 6:38 es un versículo poderoso que muchas veces no entendemos bien, pero se aplica directamente a la productividad y al poder de nuestras oraciones:

> Den, y recibirán. *Lo* que den a otros les será devuelto por completo: apretado, sacudido para que haya lugar para más, desbordante y derramado sobre el regazo. La cantidad [*lo*] que den determinará la cantidad que recibirán a cambio (NTV).

Nota la palabra «lo» en ese versículo. Es una pequeña palabra muy poderosa. Sea lo que sea, dale *lo* que Dios te pida. Sea lo que sea lo que le estás pidiendo a Dios en oración que haga por ti, que cambie o restaure algo en tu vida, o lo que sea, procura hacer algo similar por otra persona. Ana quería un hijo, entonces le prometió dar su hijo a Dios. Abraham quería la promesa de un legado, por lo que le dio a Dios el hijo a través de quien vendría ese legado. Si das exactamente *lo* que estás buscando, *lo* recibirás. Está en un versículo de las Escrituras, es verdad. Compruébalo. Dios es fiel a su Palabra.

¿Eres estéril en tus relaciones? Entonces, relaciónate con alguien más necesitado, tal vez con una persona recluida o una persona mayor en un hogar de ancianos. ¿Estás teniendo problemas financieros? Entonces, sé generoso con alguien más necesitado, tan generoso como puedas. Dale a Dios *lo* que le estás pidiendo en oración, y Él te *lo* dará.

Cuando das un paso de fe y das a alguien lo que no tienes, estás demostrando que crees en Dios cuando, a juzgar por tus circunstancias, creer en Dios es lo último que quisieras hacer. Estás actuando con fe a pesar de que no puedes ver de dónde vendrá tu respuesta.

¿Necesitas una respuesta a tu oración? Entonces, trata de ser la respuesta a la oración de otra persona. La medida de lo que des será la medida que recibirás a cambio, y más aún. Ten en cuenta que, por lo general, Dios nos da más de lo que nosotros le damos a Él. Ana no solo dio a luz a Samuel, sino que recibió más de lo que pidió. En el siguiente capítulo de 1 Samuel, uno de los dos libros que llevan el nombre de su hijo, leemos que Ana «concibió, y dio a luz tres hijos y dos hijas» (1 S. 2:21). Después de todo, Ana recibió una familia.

Cuando ya no puedas soportar, ríndete

Si en este momento estás atravesando una situación que sientes que no puedes soportar por más tiempo, anímate. No te preocupes llegar bajo, hasta el punto de llorar amargamente como Ana, porque es en ese punto donde encontrarás la libertad de confiar por completo en Dios. Es en ese momento cuando encontrarás la poderosa herramienta llamada *rendición.* Rinde lo que crees que necesitas desesperadamente y déjalo en sus manos y su providencia. Cuando lo hagas, Dios te dará fuerzas para seguir adelante a fin de que puedas alcanzar su plan perfecto en tu vida.

La rendición es un secreto de la respuesta a la oración. Ha abierto más puertas, e incluso más matrices, de las que podemos imaginar. Rendirte es renunciar a tu tiempo, tu voluntad, e incluso a tu propósito deseado, y confiar en el tiempo, la voluntad y el propósito de Dios. Esta es la esencia de la alineación. Es el ADN de la fe. Además es el poder que se encuentra en la oración del reino.

Capítulo 7

Dos o tres congregados

Aquí hay dos historias más sobre carreras; una no competitiva, la otra de un campeonato estatal. En la primera, el cabo primero, Myance Kerr, lideraba la carrera de entretenimiento anual de 5 km por las calles de Charlevoix, Michigan, en la que él y algunos de sus amigos militares iban al frente de los participantes.

Al doblar una curva, Myles divisó a un niño de nueve años en una calle cercana, pero muy atrás en el camino zigzagueante. Al parecer, el pequeño Brandon se había separado de los amigos con los que había estado corriendo. Ahora, muy lejos de los otros participantes, Brandon parecía asustado y solo.

Fue entonces cuando Myles decidió hacer lo que sabía que era correcto. Redujo la velocidad y se fue acercando hacia donde estaba Brandon.

—¿Cómo estás, pequeñín? —preguntó el militar grande y fuerte que vestía uniforme de faena.

Brandon no dijo mucho al principio, pero después lo miró.

—Señor, ¿podría correr conmigo? —le preguntó.

Por supuesto que Myles lo haría. Después de todo, como

militar, fue entrenado para no dejar atrás a ningún hombre (niño). Myles y Brandon corrieron juntos lentamente durante el resto de la carrera, y finalmente cruzaron la línea de meta juntos.[1]

Luego está Melanie Bailey, una estudiante de último año de una secundaria de Dakota del Norte, que participaba en el campeonato a campo traviesa de la Conferencia de Dakota del Este en el 2014.

Con solo una fracción de kilómetro restante en aquella tarde soleada, una corredora cayó al suelo con una terrible lesión en el tendón de la rótula. Danielle LaNoue se agarró la rodilla izquierda por el dolor cuando otros corredores pasaron junto a ella; pero al saber que eso significaba el final de su carrera en la escuela secundaria, trató de pararse y seguir. Sin embargo, su lesión demostró ser muy profunda. Llorando de dolor, cojeó tan lejos como pudo y luego se desplomó en el suelo, incapaz de terminar la carrera sola.

Fue entonces cuando Melanie encontró a Danielle. «Súbete a mi espalda», Melanie instó a la desconocida que lloraba. Aquella también era la última carrera de Melanie, pero no estaba dispuesta a terminarla mientras dejaba atrás a otra persona indefensa.

Danielle se trepó a la espalda de Melanie, una chica mucho más pequeña que ella. Luego, Melanie cargó lentamente no solo su propio peso, sino también el de la otra corredora hasta pasar la línea de meta. Le tomó ocho minutos y treinta segundos más cruzar esa línea que al ganador de la carrera. No obstante,

1. Lee Moran, «Marine Runs Alongside Boy Struggling to Finish 5k Race», *New York Daily News*, 2 de agosto de 2013, http://www.nydailynews.com/news/national/marine-runs-boy-struggling-finish-5k-race-article-1.1415589.

aunque las dos chicas perdieron, empatadas en último lugar, ambas ganaron algo mucho mejor. Ganaron gracia, una amistad y esperanza.[2]

Podrías estar como Heather o Ana, a quienes vimos en nuestro último capítulo, doblado por el dolor; pero capaz de tener la fe que necesitas para levantarte solo y seguir adelante en tu camino de oración. Si ese eres tú, entonces quiero alentarte a que nunca te rindas. A pesar de las lágrimas, las cicatrices y lo que otras personas puedan decir, escucha al locutor que anuncia desde el cielo: «Cuidado con» y escribe tu nombre. Lo lograrás.

Fuimos creados para vivir juntos e incluso para orar juntos. Dios escucha nuestras oraciones colectivas.

Sin embargo, si tus pruebas ya son demasiado difíciles de sobrellevar y, en tus lágrimas, no puedes encontrar la manera de resistir y continuar orando por algo que se ha prolongado demasiado tiempo, entonces pídele hoy a Dios que te envíe un Myles o una Melanie. Alguien que corra (ore) contigo si tan solo necesitas la compañía de alguien que te ayude a mantener la calma. O alguien que te levante y sobre cuya fe puedas seguir caminando. Siempre le digo a las personas que cuando su fe se está agotando se aferren a la fe de otro que ya ha pasado por su misma situación y que ha llegado al otro lado.

No es ninguna vergüenza necesitar ayuda en tu camino espiritual. Como el pequeño Brandon, no tengas miedo de pedir

2. Sasha Goldstein, «High School Runner Carries Rival across Finish Line at North Dakota cross-country», *New York Daily News*, 17 de octubre de 2014, http://www.nydailynews.com/sports/high-school-runner-carries-rival-finish-line-cross-country-race-article-1.1978574.

ayuda. Fuimos creados para trabajar juntos, vivir juntos, crear juntos e incluso orar juntos. Dios escucha nuestras oraciones colectivas.

El poder de la oración colectiva

Ejemplos en las Escrituras

La oración del reino colectiva tiene poder en sí misma. Muchas veces a lo largo de las Escrituras, vemos cómo Dios responde al clamor, los gemidos, las alabanzas y las oraciones colectivas de su pueblo. Una mirada superficial a través de la Biblia revela diversas situaciones de personas o incluso una nación entera que clamaba a Dios y que Él escuchaba su oración colectiva. Los siguientes son solo algunos ejemplos del Antiguo Testamento:

> Aconteció que después de muchos días murió el rey de Egipto, y los hijos de Israel gemían a causa de la servidumbre, y clamaron; y subió a Dios el clamor de ellos con motivo de *su* servidumbre (Éx. 2:23).
>
> Y cuando Faraón se hubo acercado, los hijos de Israel alzaron sus ojos, y he aquí que los egipcios venían tras ellos; por lo que los hijos de Israel temieron en gran manera, y clamaron a Jehová (Éx. 14:10).
>
> Entonces clamaron los hijos de Israel a Jehová; y Jehová levantó un libertador a los hijos de Israel y los libró (Jue. 3:9).
>
> Entonces los hijos de Israel clamaron a Jehová (Jue. 4:3).
>
> Y fueron ayudados contra ellos, y los agarenos y todos los que con ellos estaban se rindieron en sus manos; porque clamaron a Dios en la guerra, y les fue favorable, porque esperaron en él (1 Cr. 5:20).

> Y cuando miró Judá, he aquí que tenía batalla por delante y a las espaldas; por lo que clamaron a Jehová, y los sacerdotes tocaron las trompetas (2 Cr. 13:14).

En el Nuevo Testamento también encontramos grupos de personas reunidas en oración, especialmente en Hechos:

> Y perseveraban en la doctrina de los apóstoles, en la comunión unos con otros, en el partimiento del pan y en las oraciones (2:42).

> Y ellos, habiéndolo oído, alzaron unánimes la voz a Dios, y dijeron: Soberano Señor, tú eres el Dios que hiciste el cielo y la tierra, el mar y todo lo que en ellos hay (4:24).

> Cuando hubieron orado, el lugar en que estaban congregados tembló; y todos fueron llenos del Espíritu Santo, y hablaban con denuedo la palabra de Dios (4:31).

> Cumplidos aquellos días, salimos, acompañándonos todos, con sus mujeres e hijos, hasta fuera de la ciudad; y puestos de rodillas en la playa, oramos (21:5).

La oración grupal y corporativa ocurre con frecuencia en las Escrituras. En especial, si tuviéramos que mencionar las alabanzas grupales, los ejemplos serían demasiados de enumerar. A menudo, a lo largo de la Biblia, grupos de personas se reunían para alabar a Dios por lo que había hecho, por lo que Él es (sus atributos) o por otras cosas.

Ejemplos en nuestra iglesia

Hace dos años, al terminar uno de nuestros servicios dominicales de la mañana, se produjo un hecho muy poderoso, que incluyó oración y alabanza corporativa. Había predicado un mensaje sobre Josafat y su actitud frente a la batalla nacional que debían librar. (Ver 2 Cr. 20:1-25. Voy a entrar en mayor detalle sobre este ejemplo bíblico de oración y alabanza grupal en el capítulo 15). Al finalizar el culto, invité a la congregación a pasar al frente para orar y alabar de manera colectiva o a permanecer en sus asientos y hacerlo de manera privada, con la actitud que acabábamos de ver en el mensaje.

Las personas pasaron al frente por miles. Sin darme cuenta, la mitad del santuario estaba llena de individuos y grupos arrodillados, postrados o de pie, que habían pasado al frente y estaban orando y alabando a Dios. Fue un momento maravilloso en la presencia del Señor. Y como todo momento maravilloso que pasamos en la presencia del Señor un domingo a la mañana, cuando casi era la 1:30 p.m. y el horario del almuerzo estaba llamando, supuse que este pasaría pronto; pero no pude haber estado más equivocado.

Pasaron treinta minutos. Luego una hora. Después casi dos; pero la gente se quedó. Algunos cantantes también habían decidido quedarse atrás, guiados por el Espíritu. Mucho después que finalizara y termináramos oficialmente el servicio, el poder en esa sala se seguía sintiendo igual de fuerte. De hecho, se sentía más fuerte. Vi mujeres orando con otras mujeres, algunas con lágrimas en su rostro. Hombres que abrazados o tomados de la mano con otros hombres clamaban al Señor los unos por los otros.

Fue un momento único de presenciar el poder de la oración y la alabanza corporativa. Desde ese momento, he oído historias de miembros de la congregación que estuvieron presentes, que dan testimonio de cómo Dios usó ese momento para darles una importante victoria, abrir puertas o responder oraciones en su vida.

Es bueno orar con otros o unos por otros. De diversas maneras, es de aliento mutuo, como nos insta la Palabra a animarnos unos a otros (p. ej., 1 Ts. 5:11, He. 3:13). Una de las mejores maneras de hacerlo es a través de la oración.

Aquí hay otro ejemplo. Cada año, al comienzo del nuevo año, nuestra iglesia celebra una asamblea solemne de una semana de duración. Es un tiempo apartado cuando animamos a cada persona a ayunar (en cualquier nivel en que se sienta cómodo) y dedicar la semana al Señor en oración para recibir guía y claridad, experimentar victorias en su vida y alabar el nombre de Dios. Durante el servicio nocturno del miércoles de la semana de la asamblea solemne, nos reunimos como congregación para un momento de oración *con* otros y unos *por* otros. El servicio está programado para durar una hora y media, pero rara vez hemos terminado en tiempo. Es una noche electrizante y a la vez serena, en la que puedes sentir la plenitud de la presencia de Dios entre nosotros mientras alzamos nuestra voz y nuestro corazón a Dios en oración grupal.

La necesidad de oración —y acción— comunitaria

Nuestra necesidad de un Josué y un Hur

Nos necesitamos unos a otros. Una de las mejores maneras de ayudarnos los unos a los otros es mediante la oración. No siempre es fácil mantener la fe cuando enfrentamos una desilusión tras otra. En esos momentos, necesitamos que alguien esté a nuestro lado y sostenga nuestros brazos, así como Aarón y Hur lo hicieron con Moisés cuando estaba librando una guerra espiritual en los lugares celestiales (un método de oración) mientras Josué y el ejército batallaban en el valle. Moisés explicó la estrategia para esta batalla en Éxodo, donde:

> Entonces vino Amalec y peleó contra Israel en Refidim. Y dijo Moisés a Josué: escógenos varones, y sal a pelear contra Amalec; mañana yo estaré sobre la cumbre del collado, y la vara de Dios en mi mano. E hizo Josué como le dijo Moisés, peleando contra Amalec; y Moisés y Aarón y Hur subieron a la cumbre del collado. Y sucedía que cuando alzaba Moisés su mano, Israel prevalecía; mas cuando él bajaba su mano, prevalecía Amalec (Éx. 17:8-11).

La victoria o la derrota de esta batalla no estaban determinadas por los que estaban peleando en el reino físico. Quién sería el ganador o el perdedor no dependía de lo que Josué y sus hombres hicieran. Más bien, dependía de lo que Moisés hiciera con Dios en el ámbito espiritual: si podía mantener su vara alzada o si la bajaba. Cómo les iba a los israelitas en el valle no estaba vinculado a su fuerza física; en cambio, estaba estrechamente vinculado a la intercesión de Moisés en la cumbre del monte. La batalla debía pelearse y ganarse espiritualmente.

Nuestra necesidad de acción

Sin embargo, eso no significaba que Josué y sus hombres podían sentarse a beber té. Igual tenían que hacer su parte. La oración del reino debe ir acompañada de una acción del reino.

Solo si comprendes que debes combinar el valle con el monte, tendrás victoria en la oración. Como creyente en Cristo y seguidor de Dios tienes la responsabilidad de hacer todo lo que esté a tu alcance en las dificultades y pruebas que enfrentas. Sin embargo, a menos que Dios también intervenga y participe en la victoria, no será suficiente. Cuando oras, pídele al Señor que te muestre qué acción debes realizar tú también.

Por un lado, Dios te dará la victoria. Sin embargo, por otro lado, también debes cumplir todo lo que Dios te ordene, a menudo con la ayuda de otros creyentes en oración.

Tal como Pablo escribe: «Y como colaboradores *con Él*» (2 Co. 6:1a, LBLA).

Siempre debe haber un equilibrio entre lo que Dios hace en el monte y lo que tú o yo debemos hacer en el valle. Nunca tenemos que excusar nuestra irresponsabilidad en el nombre de Dios. Sino, más bien, debemos considerar nuestra responsabilidad personal como suficiente para lograr todo lo que Dios quiere hacer en medio de nuestros conflictos, batallas y luchas.

Cuando suspiramos y nos cansamos

Necesitamos apoyo emocional

Las batallas espirituales pueden ser agotadoras. Créeme; lo sé tan bien como tú. Mientras Moisés sostenía la vara en la cumbre del monte, sus «manos... se cansaban» (Éx. 17:12). Las manos le pesaban y empezaba a cansarse. No es que la vara pesara más que al principio, sino que la había sostenido tanto tiempo que sentía que le pesaban más que antes. Es como esos momentos cuando ves en tu diario personal o clóset de oración la misma necesidad por tanto tiempo, que cuando empiezas a orar por eso, suspiras. Te desmoralizas y necesitas aliento y fuerzas.

Esto es lo que le sucedió a Moisés cuando perdía las fuerzas, sus brazos empezaban a caerse. Y cuando bajaba sus brazos, los israelitas perdían la batalla. Entonces, Aarón y Hur idearon un plan:

> Y las manos de Moisés se cansaban; por lo que tomaron una piedra, y la pusieron debajo de él, y se sentó sobre ella; y Aarón y Hur sostenían sus manos, el uno de un lado y el otro de otro; así hubo en sus manos firmeza hasta que se puso el

sol. Y Josué deshizo a Amalec y a su pueblo a filo de espada (Éx. 17:12-13).

La misión de Aarón y Hur era sostener las manos de Moisés. Su trabajo era unirse a la batalla espiritual juntamente con él. Entrar al reino de lo invisible al darle fuerzas a su amigo y líder. Sucede lo mismo cuando nos reunimos con otros para orar o incluso cuando oramos por otros en lo que llamamos oración de intercesión.

Escucha y recuerda la victoria de Dios

Un hombre en nuestra iglesia vino a mi casa una tarde. Tenía la cabeza baja y las manos flácidas a su lado. Estaba cansado y parecía agobiado.

Nos sentamos a hablar durante aproximadamente una hora, y él me contó los diferentes problemas que estaban afectando su vida. No se los resolví. No lo rescaté de ninguna situación difícil; pero lo que sí hice fue recordarle la naturaleza espiritual de la batalla. Le recordé la victoria, el poder y la presencia de Dios. Oré con él y por él, y entré en batalla espiritual por él, porque ya no le quedaban fuerzas.

A veces solo necesitamos un Aarón o un Hur para que nos ayude a conectarnos nuevamente con el cielo. Porque, cuando pierdes el contacto con lo espiritual, eres fácilmente derrotado en lo físico. Sin embargo, cuando mantienes contacto con lo espiritual, prevaleces en los valles de la vida.

Algunos cristianos tiran la toalla cuando nunca han levantado la vara. Josué luchó en el valle; Moisés en el monte, y por eso: «Josué deshizo a Amalec y a su pueblo a filo de espada» (v. 13). Ganaron. Las batallas y las dificultades de la vida no son situaciones a enfrentar solos. Sí, hay momentos de quietud y soledad; hay momentos como los que tuvo Elías cuando Dios te llama a ir solo a un arroyo o a enfrentar solo a Baal y sus seguidores. Sin embargo, también hay momentos cuando Dios nos une para que nos sostengamos mutuamente, y una de las principales formas de hacerlo es mediante la oración del reino colectiva.

El poder de dos o tres

La oración grupal tiene gran autoridad en el reino. Como Jesús dijo: «Otra vez os digo, que si dos de vosotros se pusieren de acuerdo en la tierra acerca de cualquiera cosa que pidieren, les será hecho por mi Padre que está en los cielos. Porque donde están dos o tres congregados en mi nombre, allí estoy yo en medio de ellos» (Mt. 18:19-20).

El contexto de este poderoso pasaje es una ocasión cuando Jesús habla de la responsabilidad dentro del cuerpo de Cristo. En los versículos anteriores, nos explica cómo debemos tratar al hermano o hermana que vive en pecado abierto. También nos enseña que todo lo que atemos en la tierra se atará en el cielo, y todo lo que desatemos en la tierra se desatará en el cielo (v. 18), lo cual significa acceder a la autoridad del reino y ejercerla. Entre la responsabilidad mutua y el acceso al cielo para ejercer autoridad se encuentra esta mención sobre la oración grupal.

El contexto es fundamental para comprender bien estos versículos, porque cuando Cristo habló sobre la responsabilidad de un creyente, dijo que si el creyente no se aparta del pecado, entonces «[traiga] aún [consigo] a uno o dos, para que en boca de dos o tres testigos conste toda palabra» (v. 16b). La frase «dos o tres testigos» es propia del Antiguo Testamento. En Deuteronomio 19:15 leemos: «No se tomará en cuenta a un solo testigo contra ninguno en cualquier delito ni en cualquier pecado, en relación con cualquiera ofensa cometida. Sólo por el testimonio de dos o tres testigos se mantendrá la acusación».

Más adelante, Moisés invocó al cielo y a la tierra como dos testigos de su declaración a los hijos de Israel, cuando proclamó: «A los cielos y a la tierra llamo por testigos hoy contra vosotros, que os he puesto delante la vida y la muerte, la bendición y la maldición; escoge, pues, la vida, para que vivas tú y tu descendencia» (Dt. 30:19).

Del mismo modo, en Deuteronomio 17:6, Moisés declaró: «Por dicho de dos o de tres testigos morirá el que hubiere de morir; no morirá por el dicho de un solo testigo». Cuando Jesús dice que «si dos de vosotros se pusieren de acuerdo en la tierra acerca de cualquiera cosa que pidieren», está haciendo referencia a un pasaje del Antiguo Testamento para dar una enseñanza a la iglesia en los días del Nuevo Testamento. Dos o tres testigos se requerían en los tribunales legales. Se usaban como autoridad legislativa para tomar decisiones y establecer lo que debería ser. Cuando dos o tres se juntaban en los tiempos del Antiguo Testamento con respecto a un asunto, no era solo para saludarse, cantar y tener compañerismo. No, esta estructura estaba destinada a llevar a cabo algo oficial. Es importante notar que la perspectiva de Jesús al usar este término dentro del contexto del pasaje es la perspectiva de testigos legales que se reúnen para decidir lo que debería ser.

Si profundizamos un poco más en el pasaje, también vemos que la palabra griega usada para «acuerdo» es la palabra de la cual obtenemos nuestro término castellano «sinfonía». Significa «sonar acorde a la vez». Otra forma de describirlo es «hablar lo mismo». ¿Alguna vez escuchaste la frase «estamos en la misma página»? Se dice a menudo en conversaciones, reuniones o correos electrónicos para denotar cuándo dos o más personas coinciden en la manera de ver las cosas y se ponen de acuerdo en el resultado deseado.

Por lo tanto, la clave de la respuesta a la oración cuando se trata de la oración grupal es la orquestación sinfónica de sonar acorde a la vez. No se trata solo de orar unos con otros, sino también de creer, pensar y desear en consonancia. No solo desde un punto de vista cognitivo, sino a nivel del corazón y la fe. Cuando dos o más personas se ponen de acuerdo en algo que Dios ha autorizado atar o desatar (en concordancia con Él), y se lo piden, Dios se los dará. Se los concederá. Lo he visto en mi propia vida en varias ocasiones, pero no es tan simple como parece. Esto se debe a que la clave está en la unanimidad. Estar de acuerdo: ser de un mismo sentir y nivel de fe en el asunto. La clave es la unidad espiritual bajo el señorío de Jesucristo, con Él como el centro.

Por eso, una de las principales armas de Satanás en la guerra espiritual es crear desunión. Ya sea que esto ocurra a través de disputas o desacuerdos relacionales, deseos egoístas crecientes o de cualquier otra manera, Satanás quiere vernos desunidos y separados de la autoridad de Cristo. Si logra desunirnos, puede mantenernos alejados de la realidad del reino espiritual en cualquiera de sus niveles. Y puede hacer que nuestras oraciones carezcan de poder.

> *Cuando dos o más personas se ponen de acuerdo en algo que Dios ha autorizado... y se lo piden, Dios se los dará.*

Estar en sintonía espiritual unos con otros es la clave para acceder a la autoridad del cielo. Sin embargo, estar en sintonía espiritual requiere cierto nivel de humildad, sumisión, abnegación, amor y deferencia mutua, lo cual es raro. Por eso no vemos tanto resultado de las oraciones grupales como deberíamos ver. Lamentablemente, tampoco lo vemos en nuestro matrimonio y nuestro hogar.

Dios incluso advierte a los esposos en 1 Pedro 3:7 (LBLA) que si no viven en total armonía con sus mujeres, es mejor que no oren. Leemos: «Y vosotros, maridos, igualmente, convivid de manera comprensiva *con vuestras mujeres...* dándole honor como a coheredera de la gracia de la vida, para que vuestras oraciones no sean estorbadas». Hombres, si no están honrando a sus esposas, sus oraciones tendrán estorbo. Si no muestran interés por sus necesidades, sus oraciones tendrán estorbo. La oración eficaz depende mucho más de nuestras relaciones interpersonales y nuestra relación con Dios, que de cuánto tiempo pasamos en nuestro clóset de oración o de rodillas.

Para estar en «sinfonía» unos con otros es necesario que nuestras oraciones grupales lleguen a oídos del cielo con un solo sonido. Hasta que no cumplamos con el principio divino de amar a Dios y amarnos unos a otros y de someternos a su autoridad, nuestras oraciones serán para el Señor como lo es una orquesta para nosotros cuando está ensayando sin seguir la autoridad del director. Solo cuando oremos unánimes experimentaremos el poder de la oración del reino que Dios ha destinado para la oración.

Capítulo 8

Compromiso y calma

Estados Unidos está obsesionado por los superhéroes: Spider-man, Batman, Superman e Iron Man. No importa cuántas secuelas tengan las películas, los cines se llenan de fanáticos que esperan ver cómo su superhéroe salvará la situación. ¿Qué tienen estos «héroes» que tanto cautivan nuestra atención?

En un mundo tan lleno de problemas —injusticia, opresión, demasiado poder en manos de hombres malvados—, es bueno escapar a un lugar donde el poder se encuentra en manos de hombres y mujeres desinteresados que pueden dejar una huella positiva en este mundo.

Sin embargo, aunque sea una trama interesante en cómics, películas y programas de televisión, no es la realidad. Todos esos poderes son de ficción, totalmente imaginarios. Y nosotros, personas comunes y corrientes, caemos en la ilusión mientras el mundo parece estar invadido por el mal. Lo que necesitamos son héroes de la vida real, personas de carne y hueso que realmente puedan dejar una huella positiva en este mundo. Estas son personas que entienden el poder de la oración y lo usan.

La Biblia cuenta historias de innumerables hombres y mujeres que no fueron extraordinarios por tener poderes o capacidades especiales, sino simplemente porque Dios los llenó con su Espíritu para que llevaran a cabo su plan y vencieran el mal que los rodeaba. Dios les enseñó la manera de comunicarse con Él y debido a ello, pudieron hacer más que la mayoría.

La vida y los tiempos de Elías

El profeta Elías fue ese tipo de hombre. Hay muchas historias de él en la Biblia (y veremos otras situaciones de él en capítulos posteriores). Elías aparece una y otra vez como la trilogía de un popular argumento cinematográfico.

Elías no estaba «destinado a la grandeza» como Clark Kent o Peter Parker, pero fue llamado y destinado a cumplir los propósitos de Dios en su generación. Elías era de la ciudad de Tisbé, un lugar insignificante. Su familia no era famosa, y él no poseía una fuerza o conocimiento extraordinarios. Todo lo que tenía era su nombre.

En el Antiguo Testamento, los nombres significaban más que hoy. El nombre de una persona le anunciaba al mundo quién era y qué creía. El nombre Elías significa: «Jehová es mi Dios». Cuando los padres de Elías le pusieron ese nombre, le infundieron fe: fe en el único Dios vivo y poderoso.

La vida bajo un líder malvado

Sin embargo, Elías creció en un mundo invadido por el mal, muy parecido al de nosotros hoy. Desde su niñez, había visto a rey tras rey hacer lo malo ante los ojos del Señor (1 R. 16:25, 30). Ninguno de ellos había guardado la ley de Dios, sino que había llevado al pueblo a alejarse cada vez más de Dios.

Cuando Elías aparece por primera vez en las Escrituras (17:1), Acab es el rey y Jezabel es su esposa. Esto es lo que la Biblia dice de estos dos líderes de Israel: «Hizo también Acab...

más que todos los reyes de Israel que reinaron antes que él, para provocar la ira de Jehová Dios de Israel... A la verdad ninguno fue como Acab, que se vendió para hacer lo malo ante los ojos de Jehová; porque Jezabel su mujer lo incitaba» (1 R. 16:33; 21:25). ¡El enemigo de Superman, Lex Luthor, no tiene nada de Acab!

La idolatría, la indulgencia y la depravación moral se habían convertido en ley en Israel durante los días de Elías. Acab permitió que su esposa extranjera, Jezabel, instituyera la adoración a Baal, y alejara así al pueblo de Jehová.

Hoy, la cultura estadounidense no se doblega físicamente ante dioses extranjeros, pero aun así somos una nación de mucha idolatría. Parece que adoramos todo menos a Dios: dinero, sexo, poder, imagen... y en cuanto a la indulgencia y la depravación moral, bueno, también se han convertido en nuestros ídolos. Dios escogió a Elías para que fuera su mensajero de juicio y llamara a su pueblo a volver a Él. Dios dotó de poder a Elías para realizar milagros, denunciar el mal sin temor y declarar con valentía la palabra del Señor, y así lo convirtió en un verdadero héroe, un hombre digno de admiración, del que podemos aprender.

La vida de Elías no fue un paseo tranquilo por el parque. No estuvo exento de sufrir solo por ser un hombre de Dios. Muy por el contrario, Dios permitió que Elías atravesara años de pruebas para fortalecer su fe. Sin embargo, fueron esas dificultades las que lo prepararon para los días más difíciles de la fe que lo redefinirían como un verdadero héroe de la fe.

Preparación para un gran desafío: a solas con Dios

Cuando Dios llevó a Elías al pináculo de su ministerio, literalmente a la cima de un monte, Dios había fortalecido su fe y lo había llenado con su Espíritu para que estuviera preparado para defender la verdad, sin importar el costo. Una de las formas como Dios preparó a Elías fue mediante un tiempo de soledad. Demasiados de nosotros hoy hemos descuidado la virtud y la disciplina de pasar tiempo con Dios. Nuestra vida está llena de ocupaciones, distracciones y ruido. Sin embargo, a menudo Dios nos habla en la quietud y el silencio de la vida, y eso requiere momentos de soledad, reflexión, meditación y aprendizaje.

Antes que Elías realizara una de sus hazañas más grandes: al enfrentar y humillar a cientos de falsos profetas, Dios llevó al profeta a experimentar un tiempo a solas con Él. Elías acababa de hacer una advertencia insólita al rey Acab: ni lluvia ni rocío caerían sobre la tierra (1 R. 17:1). Poco después, el Señor mandó al profeta a salir de esa tierra y le dijo: «Vuélvete al oriente, y escóndete en el arroyo de Querit, que está frente al Jordán» (v. 3).

En otras palabras, Dios le estaba diciendo a Elías que dejara las luces brillantes del castillo y la ajetreada actividad de Israel y fuera al arroyo de Querit para esconderse por un tiempo. El significado de la soledad es simplemente entrar en el reposo de Dios. Es reservar tiempo con Dios para entender claramente lo que Él está diciendo, así como para tener en claro tus pensamientos y creencias también. Eso es lo que hizo Elías.

La soledad puede traer claridad a tus propios pensamientos cuando te alejas de las distracciones de la vida en un mundo constantemente desbordado. La televisión, los teléfonos móviles con llamadas ininterrumpidas y mensajes de texto, las citas médicas, las tareas diarias y mucho más pueden devorarnos y distraernos.

Estar solo con Dios es esencial para escuchar su voz. Muchos de nosotros no sabemos lo que estamos haciendo o por qué lo hacemos, porque no nos hemos detenido suficiente tiempo para escuchar a Dios o incluso pensar en nuestras motivaciones. Uno de los temas repetidos en el libro de Hebreos es encontrar (o entrar en) el reposo de Dios, que puede darnos una idea de por qué Dios envió a Elías al arroyo. El escritor de Hebreos dice:

> Temamos, pues, no sea que permaneciendo aún la promesa de entrar en su reposo, alguno de vosotros parezca no haberlo alcanzado... Porque si Josué les hubiera dado el reposo, no hablaría después de otro día. Por tanto, queda un reposo para el pueblo de Dios (He. 4:1, 8-9).

Un tiempo de reposo y adoración

Quizá una revisión del significado del día de reposo también aclare este concepto del reposo. Génesis dice que Dios creó todo en seis días. Cuando terminó todo, dijo que era bueno en gran manera, pero el séptimo día descansó (Gn. 2:2).

Ahora bien, Dios no descansó porque estaba cansado. Después de todo, ¿qué tan duro fue el trabajo si solo habló y las cosas existieron? Dios descansó porque había terminado su trabajo en el tiempo que se había propuesto. El propósito del reposo de Dios era disfrutar de su creación: sentarse, observar lo que había hecho y gozar de su obra.

El concepto del reposo no era un asunto menor en el Antiguo Testamento. Guardar el día de reposo es uno de los diez mandamientos (Éx. 20:9-11): «No hagas en él obra alguna, tú, ni tu hijo, ni tu hija» (v. 10).

En los tiempos del Antiguo Testamento, el día de reposo era un día para no crear nada. El reposo era para reflexionar en lo que habías logrado en los últimos seis días. También era un tiempo para disfrutar de Dios y dedicarte a adorar a tu Creador.

Dios nunca quiso que Israel perdiera de vista el concepto del reposo.

Amigo, no puedes descubrir cuál es el plan de Dios hasta que hayas pasado tiempo disfrutando en su presencia y en adoración. Y no puedes pasar tiempo en su presencia si siempre estás tan ocupado haciendo otras cosas. Tienes que apartarte solo y escuchar su voz.

Cuando pienso en la importancia de la soledad, pienso en Jesús, que tuvo una vida muy ocupada. Siempre tenía a alguien para sanar, alguien para salvar, algún problema para solucionar, algún discípulo para corregir. La vida de Jesús sí que estaba ocupada, y trabajaba incansablemente. Sin embargo, hasta Jesús se tomaba tiempo para estar a solas con Dios (Mt. 14:23; Lc. 6:12; Mr. 6:31). Jesús quiere que pasemos un tiempo en soledad, porque allí es donde tiene lugar la renovación que Dios tiene reservada para nosotros. La mejor arma de Satanás contra la iglesia son las distracciones, cosas que nos mantienen alejados de todo lo que Dios ha destinado que experimentemos. Cosas que nos impiden comunicarnos con Dios. Por eso Satanás hace todo lo posible para mantenernos lejos de la quietud de la presencia de Dios, para que no podamos escuchar la voz de Dios y perdamos nuestro propio deseo de hablar con Él.

El adiestramiento en un lugar de reposo

La instrucción de Dios a Elías fue ir al arroyo de Querit. Un arroyo no es un lugar espectacular donde ir, pero Dios no nos pide que nos encontremos con Él en algún lugar de lujo. Dios solo quiere que nos encontremos con Él. Tiene que ser un lugar tranquilo, un lugar donde podamos concentrarnos. Cuando quieres estar a solas con Dios, necesitas un lugar aislado, un lugar donde puedas estar tranquilo. Necesitas un lugar donde haya suficiente calma, que si el Espíritu Santo tuviera algo particular para decirte con respecto a una decisión, una guía o una relación, lo puedas escuchar en tu espíritu. El escritor de Hebreos lo explica de esta manera: «Porque la palabra de Dios es viva y eficaz, y más cortante que toda espada de dos filos; y penetra hasta partir el alma y el espíritu, las coyunturas y los tuétanos, y discierne los pensamientos y las intenciones del corazón» (He. 4:12).

Cuando el escritor dice «la palabra de Dios», está usando la palabra griega *rhema*, que se refiere a la palabra hablada de Dios a diferencia de la palabra escrita de Dios. Está diciendo que cuando entres al reposo de Dios con una Biblia abierta, con el propósito de escuchar su voz en oración, Dios hará una distinción entre tu alma y tu espíritu.

Esto es importante porque tu alma es tu personalidad. Es quien eres como un individuo único. Nuestro cuerpo refleja las diferencias del alma, y el espíritu, que es aún más profundo, es cómo nos comunicamos con Dios.

Ahora bien, muchas personas se preguntan: «¿Cómo puedo saber si lo que estoy escuchando proviene de mí o de Dios?». Hebreos 4:12 responde esta pregunta. Cuando Dios habla, Él divide tu alma de tu espíritu. Te muestra si Él es el que está hablando. Si entras al reposo de Dios, Él hablará a tu espíritu para que sepas que lo que estás escuchando no proviene de ti.

Dios habla hoy, y confirma su voz con dos o tres testigos. No digo necesariamente que Dios habla con una voz audible, sino que habla a nuestro espíritu.

El propósito de la soledad

Hemos visto que Dios puede hablarnos hoy, y hemos visto que quiere que nos apartemos solos; pero ¿por qué es importante la soledad? ¿Por qué Dios quiere que «vayamos al arroyo» y que estemos solos? La respuesta es para que escuchemos una palabra nueva de Él, para que Él pueda desarrollar nuestro carácter cristiano a fin de que podamos hacer frente a los nuevos retos que nos esperan.

Antes de enfrentar un nuevo reto o una decisión importante en tu vida, será mejor que te quedes junto al arroyo. Antes de enfrentarte a los enemigos de Dios, que quieren hacerte caer, será mejor que te quedes junto al arroyo. Amigo mío, no olvides que Dios tiene una nueva palabra para ti hoy y la manera de recibir esa palabra es en oración.

La soledad te permite escuchar la voz sobrenatural de Dios.

La soledad te permite escuchar la voz sobrenatural de Dios. Cuando Elías tomó la iniciativa de representar a Dios ante el rey Acab, Dios le dijo que fuera al arroyo; el trabajo de Elías acababa de comenzar. Siempre que Dios te pone en una situación en la que necesitas estar solo, puedes saber que tiene algo planeado para ti más allá del horizonte. Por eso quiere que te apartes con Él para que puedas renovarte, fortalecerte y volver a tener comunión con Él. Dios nunca te mandará al arroyo a experimentar un tiempo de soledad para perder tiempo. El requerimiento de Dios de pasar un tiempo especial con Él siempre está estratégicamente planificado con un propósito para su reino.

Después que Elías pasó un tiempo en el arroyo, tenía una tarea importante que cumplir. Ahora estaba preparado para ese momento poderoso en su vida y en la vida de la nación en la que vivía, porque había pasado un tiempo a solas con Dios. Leemos mientras continúa el pasaje, que Elías luego fue a la cima del monte Carmelo para un enfrentamiento entre el Dios de Elías y el dios del rey.

De la soledad a la cima del monte

La batalla en el monte Carmelo

En la cima del monte Carmelo, completamente solo, Elías representó a Dios ante el rey Acab, Jezabel, 450 profetas de Baal y toda la nación de Israel. Fue un enfrentamiento, un combate definitivo entre los dos dioses que estaban enfrentados en Israel: Jehová y Baal.

La prueba era simple: después que los profetas prepararan un becerro para el sacrificio en un altar, el dios que enviara fuego del cielo para encender el sacrificio sería el verdadero Dios. Si no conoces el resto de esta historia, así es como fue este combate de dos asaltos. Primero entraron al cuadrilátero los profetas de Baal:

> E invocaron el nombre de Baal desde la mañana hasta el mediodía, diciendo: ¡Baal, respóndenos! Pero no había voz, ni quien respondiese; entre tanto, ellos andaban saltando cerca del altar que habían hecho... Y ellos clamaban a grandes voces, y se sajaban con cuchillos y con lancetas conforme a su costumbre, hasta chorrear la sangre sobre ellos. Pasó el mediodía, y ellos siguieron gritando frenéticamente hasta la hora de ofrecerse el sacrificio, pero no hubo ninguna voz, ni quien respondiese ni escuchase (1 R. 18:26-29).

Primer asalto: Baal: 0

Entonces Elías reparó el altar del Señor que estaba en mal estado y cavó una zanja alrededor de él, puso la leña y colocó el sacrificio sobre el altar. Luego hizo que vertieran cuatro cántaros de agua sobre la ofrenda sacrificial y la leña. Vertieron cuatro cántaros de agua dos veces más hasta que el agua corría alrededor del altar y «también se había llenado de agua la zanja» (v. 35). Finalmente, oró: «Jehová Dios de Abraham, de Isaac y de Israel, sea hoy manifiesto que tú eres Dios en Israel, y que yo soy tu siervo, y que por mandato tuyo he hecho todas estas cosas. Respóndeme, Jehová, respóndeme, para que conozca este pueblo que tú, oh Jehová, eres el Dios, y que tú vuelves a ti el corazón de ellos» (vv. 36-37). Y Dios respondió esa oración:

> Entonces cayó fuego de Jehová, y consumió el holocausto, la leña, las piedras y el polvo, y aun lamió el agua que estaba en la zanja. Viéndolo todo el pueblo, se postraron y dijeron: ¡Jehová es el Dios, Jehová es el Dios! (vv. 38-39).

Asalto 2: Jehová: 1. ¡Dios es el ganador!

Esa sí fue una hazaña heroica. Allí estaba Acab, junto a cientos de falsos profetas que habían estado engañando al pueblo durante años. Y luego estaba Elías, un hombre, sin temor, con la fe suficiente para reprender a toda la nación por su idolatría e invocar el mismísimo fuego de Dios. Elías, un hombre sin reputación, un hombre probado en el fuego de la vida, un hombre común y corriente, nada especial, excepto que Dios decidió usarlo durante una de las etapas más oscuras de la historia de su pueblo. No era diferente a ti o a mí... sin embargo, se convirtió en un verdadero héroe, que Dios designó y usó.

El compromiso de Elías con Dios

Esto es ser un hombre o una mujer de Dios. Esto es comprender el poder de la oración. Muchos de nosotros sentimos que el poder de la oración está en lo que decimos, dónde oramos o cuánto tiempo oramos. No nos damos cuenta de que una gran parte del poder proviene de lo que somos y lo que hacemos. Elías demostró tener un compromiso con el Señor mediante acciones que demostraban que creía que Dios estaba diciendo la verdad y que sería fiel. Elías no estaba orando mientras construía el altar. No estaba orando cuando derramaron agua encima. Estaba trabajando. Sin embargo, el ADN de su trabajo y sus acciones reflejaban un corazón de fe. Por lo tanto, cuando finalmente oró, Dios respondió de inmediato y heroicamente.

Observa que Elías nunca reclamó la gloria para sí. En su heroísmo, señaló la fuente de su fuerza, poder y habilidad: Jehová. Señaló al verdadero héroe entre nosotros: Dios.

Cuando tú o yo utilizamos el poder de Dios, podemos acceder a la autoridad que dio vida al mundo, separó el mar de la tierra, creó la vida misma y resucitó a los muertos. Ese es el verdadero poder. Y es el que está disponible para ti y para mí a través del conocimiento y la práctica de este método de comunicación llamado oración.

En la oración, tenemos acceso no solo a Dios Padre, sino a la intercesión por medio de Dios Hijo y al poder del Espíritu Santo en nosotros. A través de la oración, podemos vencer al enemigo, liberar a los cautivos y llevar paz al caos de nuestras propias vidas, familias, iglesias y comunidades.

La oración abre las compuertas para que el poder del reino de Dios fluya en y a través de nosotros.

Capítulo 9

Deja de estorbar tu milagro

Hace algunos meses, once personas quedaron atrapadas en un ascensor de oficinas en las Bermudas. Yo era una de ellas. Si alguna vez has estado atrapado en un ascensor, sabrás que no es una situación agradable.

En particular, si el ascensor no tiene un teléfono, como en este caso.

Además, resultó ser un sábado por la noche, de modo que la posibilidad de encontrar ayuda disponible en el edificio era escasa. Pronto el aire comenzó a agotarse, mientras los once permanecíamos tan quietos como podíamos sin respirar demasiado. Incapaces de comunicarnos con alguien fuera del ascensor, esperamos; pero a medida que pasaba el tiempo nos empezamos a desesperar. Tictac. Tictac. Los minutos parecían meses.

Todos estábamos haciendo el mayor esfuerzo por mantener la calma, pero era evidente que cuanto más tardáramos en quedar libres, más nerviosos estaríamos todos, incluso yo. Estábamos en un lugar del que no podíamos escapar, encerrados en una situación que no podíamos remediar.

Intentamos abrir las puertas del ascensor, pero eran demasiado gruesas, demasiado pesadas. El acero era demasiado fuerte y la oclusión demasiado apretada.

No podíamos liberarnos de la situación, no importaba lo mucho que lo intentáramos. Lo que necesitábamos era alguien de afuera con el conocimiento y el poder para abrir lo que nosotros no podíamos. Para decirlo de otra manera, nuestra capacidad natural era limitada; necesitábamos que alguien con una mayor capacidad hiciera por nosotros lo que no podíamos hacer por nosotros mismos.

Finalmente, después de casi una hora, nos liberaron cuando el teléfono celular de una de las personas logró de algún modo captar señal por un breve momento y pudo llamar al departamento de bomberos. Sin embargo, el incómodo incidente me reveló una lección espiritual que persistiría durante días, incluso semanas después.

Lo que nos sucedió esa noche me recordó lo que les ha sucedido a tantas otras personas: esa sensación de estar atrapado. Tal vez no literalmente en un ascensor un sábado por la noche, pero atrapados por sus circunstancias o una adicción; incluso podría ser por una relación malsana. No quieren estar allí, pero las puertas a la libertad no se abren por sí mismas y tampoco pueden abrirlas.

Necesitan ayuda fuera de ellos mismos, pero debido a la estática en sus líneas de comunicación o la falta de una señal clara, no están obteniendo esa ayuda. Lo que necesitan requiere una relación íntima, constante y obediente con Dios. Muchos de nosotros no hemos visto a Dios llegar porque nosotros mismos estamos demorando a Dios. Estamos retrasando o denegando su presencia sobrenatural en nuestra situación por no comunicarnos con Él mediante oraciones hechas con fe, pasión y confianza desde la perspectiva del reino.

Oración y obediencia

A menudo resumimos la eficacia de nuestras oraciones a una sola cosa: la fe. Mientras no nos damos cuenta de que hay varios elementos que hacen que la oración sea eficaz. Dos elementos que acabamos de ver en la oración de Elías en el monte Carmelo (y que se repite en Santiago 5:16 [NTV]) son la oración ferviente y la persona justa. Ahora bien, plasmado en una historia dramática de Juan 11, encontramos un tercer elemento de las oraciones de autoridad que hacen avanzar el reino de Dios en la tierra: la obediencia.

La mayoría de los que han sido creyentes por mucho tiempo pueden recitar la historia de la resurrección de Lázaro. Lo que a menudo se enfatiza en el relato de esta historia es el poder de Jesús para resucitar a los muertos y la compasión que sintió cuando lloró al ver a sus amigos desconsolados. Además, la demora de nuestro Salvador en ir a la tumba (Jn. 11:17-21) revela una visión del tiempo de Dios un tanto poco convencional.

Sin embargo, a menudo se pasa por alto un aspecto de esta historia, aunque es uno de los componentes fundamentales de la oración del reino eficaz. Es el aspecto de la obediencia.

Cuando no actuamos en respuesta a lo que Dios ha dicho, nos limitamos a nosotros mismos y limitamos a Dios. Le impedimos hacer milagros en nuestra vida y en la de los demás, mientras que la obediencia nacida de la fe libera el poder de Dios. Entonces, vayamos a la tumba de Lázaro.

La obediencia en la tumba de Lázaro

Comencemos nuestro análisis sobre esta historia poco después del versículo más breve de la Biblia: «Jesús lloró» (v. 35). Llegamos a la escena y encontramos a Jesús llorando, compartiendo el dolor de sus amigas Marta y María. Pero déjame señalar algo sobre las emociones de Jesús. Aunque Jesús se identifica con nuestras debilidades, nunca deja que sus emociones gobiernen su teología. Puede sentir nuestro dolor e incluso sentir dolor por nosotros, pero lo que siente con respecto a una situación no determina lo que hace, porque su compromiso con la verdad y la voluntad de Dios pasa por encima de cualquier emoción del momento. De modo que aunque Jesús se conmueve y se entristece por la situación, no busca una solución rápida. En cambio, busca resolver el problema sin dejarse llevar por el apremio.

> *Muchas veces Dios intentará que participemos de su respuesta a la oración como una forma de poner a prueba nuestra confianza.*

En vez de resucitar a Lázaro de inmediato y por su cuenta, Jesús hace partícipe a Marta del milagro que está a punto de realizar. En los versículos 38 y 39 leemos: «Jesús, profundamente conmovido otra vez, vino al sepulcro. Era una cueva, y tenía una piedra puesta encima. Dijo Jesús: Quitad la piedra».

Jesús —por quien se creó el mundo— no necesitaba ayuda para mover la piedra. De hecho, una piedra no pudo retenerlo en la tumba ni después de su propia muerte. Por lo tanto, Jesús no necesitaba que alguien quitara la piedra para resucitar a su amigo.

Sin embargo, eso es exactamente lo que pidió. Muchas veces Dios intentará que participemos de su respuesta a la oración como una forma de revelar nuestra fe, poner a prueba nuestra confianza y darnos la experiencia en el ejercicio de nuestro rol para que accedamos a la autoridad del reino, que es precisamente lo que hizo con Marta. Y Marta hizo lo que la mayoría de nosotros hacemos: no respondió bien.

Argumentó.

Vaciló.

Razonó.

Racionalizó.

Básicamente, se negó.

El versículo 39 dice: «Marta, la hermana del que había muerto, le dijo: Señor, hiede ya, porque es de cuatro días».

Reemplaza la lógica por la fe

Jesús había dicho: «Quitad la piedra». Marta respondió, palabras más, palabras menos: «Espera un minuto, Jesús. Lo que pides es impráctico e ilógico». Con lo cual, Marta insultó la inteligencia de Jesús al implicar que Él —que creó la vida— evidentemente no sabía cómo funcionaba la muerte. Su respuesta vino acompañada de una lección de ciencia mortuoria, una explicación de cómo se desarrollaba la descomposición. Marta se aseguró de que Jesús supiera que el *rigor mortis* ya había comenzado, las células no tenían oxígeno y se habían liberado gases por descomposición. En pocas palabras: el cuerpo apestaba.

Por favor, no descartes esta realidad de la respuesta de Marta. Todo lo que ella dijo era verdad. No estaba delirando. Tampoco estaba procediendo con engaño. Marta fue absolutamente acertada en su análisis. Si se hubiera tratado de un curso sobre biología, habría obtenido una calificación sobresaliente. Pero eso no era una clase de biología elemental: era una lección de fe. Y la fe a menudo requiere que dejemos de lado la lógica para experimentar lo sobrenatural que supera lo natural.

Marta argumentó de un modo que, desde el punto de vista

físico, podría ser absolutamente correcto; pero desde el punto de vista espiritual no tenía ningún asidero.

Por eso prestar atención a la respuesta de Jesús a Marta puede ayudarnos a experimentar una mayor autoridad del reino en nuestras propias vidas de oración. Escucha estas palabras como si Cristo te estuviera hablando directamente a ti: «¿No te he dicho que si crees, verás la gloria de Dios?» (v. 40). Su respuesta fue simple pero profunda. Jesús nunca desperdicia sus palabras. Él fue exacto en su respuesta a Marta, así como lo es cuando nos responde a nosotros. Se dirigió a la raíz del problema —su necesidad de creer— y no a la realidad que tenía en frente. La raíz y la realidad muchas veces no son lo mismo.

Tal vez puedas comparar esta situación con un momento en el que tus hijos, sobrinas o sobrinos cuestionaron una decisión tuya. Como adulto, tenías mucha más conciencia que ellos, así que cuando cuestionaron tu decisión, tu respuesta fue simple: «¿No oyeron lo que acabo de decir?». Sin discusión. Sin entrar en sus cuestionamientos. Simplemente, enfatizaste lo que ya habías dicho.

Jesús hizo exactamente lo mismo con Marta en la tumba. Básicamente, le dijo: «Lo que yo estoy diciendo y lo que tú estás diciendo no es lo mismo». Felizmente, Marta entendió el mensaje y movió la piedra, pero no olvidemos la lección principal de Lázaro: los milagros no dependen de los hechos, sino de la fe. A veces hay que dejar de lado los hechos para demostrar fe y poder ser testigos de la verdad. A veces, no importa qué tan mal huela el sujeto, debes mover la piedra.

Deja de discutir y obedece

Hablar de mover la piedra no logrará nada. Orar por los motivos que tienes para no querer mover la piedra no servirá de nada. Discutir sobre una situación muerta no hará que cobre vida, solo Dios puede hacerlo. Por eso cuando te encuentras atrapado, como yo lo estaba en el ascensor, sin espacio para moverte, con poco aire para respirar y sin nadie a quien llamar, encontrar señal en tu teléfono o una «línea de comunicación al cielo» es tu única opción. Esa línea a menudo requiere de obediencia.

Cuando discutimos con Dios como lo hizo Marta, la respuesta de Jesús para ella es la misma para nosotros: «Lo que estás diciendo no tiene nada que ver con lo que acabo de decir. No te invité a discutirlo, te dije que movieras la piedra».

Amigo, nada estorbará más la obra sobrenatural de Dios en tu vida como la lógica. Algunos se han instruido fuera del reino sobrenatural: se han vuelto «demasiado inteligentes» para Dios, demasiado instruidos para el cielo, demasiado brillantes para el reino. Y debido a esa brillantez, se han perdido de experimentar lo milagroso.

Demasiados creyentes viven bajo el credo de Missouri, conocido como el estado del «muéstrame». Le dicen a Dios: «Muéstrame y creeré»; pero Dios dice: «Cree y verás». ¿Qué veremos? Jesús dijo claramente que veremos la «gloria de Dios». La gloria de Dios es Dios, que se revela como Dios en las circunstancias humanas. Es Dios en exhibición, como si sus atributos estuvieran exhibidos en una cartelera publicitaria lo bastante grande para que no dejes de verlo. Dios te permite ser testigo de su obra por encima de tus circunstancias, no en ellas y, definitivamente, tampoco debajo de ellas. Te permite ver su reino en acción.

> *Muchos creyentes le dicen a Dios: «Muéstrame y creeré»; pero Dios dice: «Cree y verás».*

La verdadera medida de tu fe son

tus actos de obediencia que revelan que crees que Dios está diciendo la verdad. Otra forma de explicarlo es: la fe actúa conforme a la verdad que Dios dice. La fe no canta alabanzas en la iglesia. Tampoco es ujier o líder de un grupo pequeño. Esas cosas son buenas y provechosas; pero cuando se trata de demostrar tu fe en medio de las difíciles pruebas de la vida, la fe implica hacer lo que Dios dice que debes hacer.

Tu fe se mide por tus acciones, no por tus sentimientos. La fe incluye obedecer a Dios incluso, o especialmente, cuando lo que dice va en contra de tu comprensión humana. Demasiados creyentes estorban sus milagros cuando permiten que el pensamiento humano triunfe sobre Dios. Viven como lo hicieron los residentes de Nazaret cuando Jesús visitó su ciudad natal. El apóstol Mateo escribió que Jesús «no hizo allí muchos milagros, a causa de la incredulidad de ellos» (Mt. 13:58).

Lee esas palabras otra vez y deja que penetren en ti: *No hizo allí muchos milagros, a causa de la incredulidad de ellos.*

Tú y yo estamos limitados a lo natural cuando vivimos en incredulidad. Es decir, cuando no actuamos en respuesta a lo que Dios ha dicho, lo entendamos o no, le encontremos sentido o no, nos guste o no. Nos limitamos a nosotros mismos y limitamos a Dios, debido a que la incredulidad se ve en nuestra falta de voluntad para obedecer.

Obedezcamos primero la voluntad de Dios revelada

Déjame decirte algo sobre la voluntad de Dios. Él tiene una voluntad revelada, declarada en las Escrituras y también, una voluntad secreta. Como leemos en Deuteronomio 29:29: «Las cosas secretas pertenecen a Jehová nuestro Dios». Hay muchas cosas, más de las que podríamos imaginar, que Dios no nos ha revelado. Él revela esas «cosas secretas» solo en ocasiones según su discreción. Sin duda, son cosas que nos sorprenden. A veces, implican actos sobrenaturales a favor de nosotros o de aquellos que conocemos: los llamamos milagros. Sin embargo, aquí hay un punto importante: no puedes acceder a la voluntad secreta de Dios si primero no obedeces su voluntad revelada. En otras palabras, si Él dice que debes mover la piedra (es decir, lo que sea que estés enfrentando en tu situación particular), primero debes obedecer a esa revelación antes de ver lo que hará detrás de la piedra.

En términos cotidianos, si estás experimentando tensiones laborales con otro compañero de trabajo que te está tratando injustamente, nunca verás a Dios controlar e imponerse sobre la situación hasta que obedezcas lo que ya ha revelado. Dios ya ha revelado una cantidad de cosas sobre este tipo de situaciones.

Puedes preguntarte qué incluye su voluntad revelada. Aquí hay solo tres aspectos, todos declarados en el Nuevo Testamento:

> Pero a vosotros los que oís, os digo: Amad a vuestros enemigos, haced bien a los que os aborrecen (Lc. 6:27).
>
> Mas el fruto del Espíritu es amor, gozo, paz, paciencia, benignidad, bondad, fe, mansedumbre, templanza; contra tales cosas no hay ley (Gá. 5:22-23).
>
> Antes sed benignos unos con otros, misericordiosos, perdonándoos unos a otros, como Dios también os perdonó a vosotros en Cristo (Ef. 4:32).

En estos tres pasajes está claro que debemos amar a nuestros enemigos, manifestar el fruto del Espíritu Santo y ser benignos, misericordiosos y perdonadores. Solo eso es suficiente para mantenernos ocupado por un tiempo.

Sí, responder a alguien de esa manera que, intencional e injustamente, se empeña en hacer que tu vida sea desdichada puede tener tanto sentido como quitar una piedra después que alguien ha estado muerto durante cuatro días. No obstante, ese es el asunto. Con frecuencia Dios no tiene sentido, pero hace milagros. Especialmente, cuando nuestro corazón, nuestro espíritu y nuestras acciones responden a su voluntad revelada. Devuelve amabilidad por un insulto, amor por la indiferencia y bendición por la traición, y es posible que veas un milagro.

Dios nos ha dado muchas cosas en su voluntad revelada que con demasiada frecuencia olvidamos en nuestras oraciones. Podemos pasar horas luchando en oración, rogarle a Dios y decirle todas las razones por las cuales Él debe respondernos, sin embargo, muchas veces descuidamos hacer lo que Él ya nos dijo que hiciéramos. Entonces, mientras esperamos que Dios nos responda, Él está esperando que nosotros lo obedezcamos. Y déjame decirte algo muy importante con respecto a la espera: El que existe desde la eternidad hasta la eternidad puede esperar todo el tiempo que haga falta. Dios esperará mientras luchas con lo que Él ya te dijo que hicieras.

Puede que nunca sepamos cómo Dios va a cambiar, revertir, deshacer o incluso resucitar las cosas. Eso no importa. Solo haz lo que Él dice que debes hacer. Después deja que Él se encargue del *cómo*.

Seamos agradecidos antes del hecho

Jesús conocía el poder de la oración del reino y nos la ejemplificó al resucitar a Lázaro. Sin embargo, también ejemplificó algo más, algo que no quiero que pases por alto. Es un elemento clave de la respuesta a la oración. Lo encontramos al ver *cómo* Jesús ejemplificó la oración del reino.

Él oró: «Padre, gracias te doy por haberme oído. Yo sabía que siempre me oyes; pero lo dije por causa de la multitud que está alrededor, para que crean que tú me has enviado» (vv. 41-42). Jesús usó esa oportunidad para ampliar lo que Él ya sabía a quienes lo rodeaban. Él sabía que Dios escucharía cada una de sus oraciones. También sabía que Dios le daría todo lo que le pidiera, porque estaban en completa concordancia con Él. Jesús sabía que Dios estaba por levantar a Lázaro de la tumba. Sin embargo, para que los que estaban presentes allí y para que nosotros, muchos años después, nos beneficiáramos de esta verdad, hizo esa oración en voz alta, y usó el tiempo pasado. Esta es la obra intercesora de Jesús en acción.

Antes que ocurriera el milagro, Jesús agradeció a Dios por haberlo escuchado, le dio las gracias como si el futuro ya hubiera pasado. Eso es confianza. Cristo mostró estar agradecido antes del hecho. Tú y yo deberíamos usar su misma perspectiva en lo que oramos y en cómo oramos. Recuerda que la fe mueve a Dios, porque la oración del reino trae del cielo lo que Dios ya ha planeado hacer en la tierra.

El milagro sobrenatural que está en la voluntad de Dios para tu vida ya ha sido acordado en el ámbito espiritual. Eso significa que no tienes que suplicar a Dios que haga algo que esté en su voluntad. Todo lo que tienes que hacer es mover la piedra y agradecerle de antemano por lo que ya ha determinado hacer. Esta es la oración del reino en acción que toca el cielo y cambia la tierra.

Cuando te sientas atrapado como Lázaro, atado en una situación oscura con la única esperanza de una intervención divina, escucha las instrucciones de Dios. Entonces, confía y obedece. Como dice 2 Corintios 6:1, somos «colaboradores suyos». Dios no resucitó a Lázaro hasta que Marta accedió a mover la piedra, a pesar de que ella había orado previamente por sanidad, y Jesús le agradeció públicamente por lo que Él había decidido hacer. Ese milagro fue un esfuerzo grupal, como lo son la mayoría de los milagros. Ten esto en cuenta la próxima vez que estés orando para que Dios haga lo que está más allá de ti. Escucha su voz y obedece.

Capítulo 10

Persistencia en la oración

La oración es una herramienta vital en las manos y el corazón de cada creyente. Sin embargo, es una herramienta que con frecuencia no usamos. Tal vez porque no creemos que sea tan importante. O tal vez dudamos de cómo ha establecido Dios el funcionamiento de la oración para sus criaturas.

Muchos cristianos piensan que la oración debe hacerse de cierta manera, en un momento determinado, por un cierto período de tiempo y sobre ciertas cosas, entonces ni siquiera oran. Pero no se trata de cuánto tiempo oras, sino de cuánta fe demuestras al orar.

La oración es el mecanismo que Dios ha diseñado para hacer lo que Él quiere. La oración nunca mueve a Dios a hacer lo que no había planeado hacer, sino lo que ya había determinado hacer. Considéralo como un intercambio. Cuando depositas dinero en una cuenta bancaria, es tuyo. Aunque no esté contigo, en tu bolsillo o en tu bolso. El dinero en la cuenta es tuyo.

Muchos de nosotros llevamos una tarjeta de débito bancaria en lugar de efectivo en estos días. Es conveniente. No tenemos que contar dinero y podemos usarla casi en todos lados. La tarjeta bancaria es el punto de acceso entre tú y tus fondos. Para comprarte un café, llenar el tanque de combustible de tu auto o comprarte un par de zapatillas para correr, tienes que entregarle tu tarjeta a la persona que está realizando la transacción. Aunque tuvieras un millón de dólares en tu cuenta bancaria y quisieras una botella de agua en la tienda de comestibles, igual tendrías que presentar o escanear tu tarjeta. Tendrías que acceder a lo que es tuyo.

Normalmente no discutimos, no dudamos ni nos quejamos por pagar lo que compramos con nuestra tarjeta bancaria. Entendemos que así es cómo funciona el sistema. Sin embargo, con la oración, a pesar de que Dios ha establecido un sistema del que nos ha hablado y nos ha enseñado infinidad de veces, seguimos confundidos y desconcertados sobre nuestra responsabilidad en la oración. Hacemos preguntas tales como:

- Si Dios tenía la intención de darme este hijo, ¿por qué no puedo concebir y tengo que orar para quedar embarazada?
- Si Dios tenía la intención de darme este trabajo, ¿por qué tuve que pedírselo?
- ¿Tengo que orar por mi familiar enfermo? ¿Dios no sabe que queremos que lo sane?

Seguramente, podría hacer una lista tan larga como este libro de preguntas que nos hacemos con respecto a la oración. Sin embargo, si nuestro banco siempre quiso liberar los fondos para que compremos esa botella de agua en la tienda de comestibles, ¿por qué de todas maneras necesitamos escanear nuestra tarjeta? Esa es una pregunta que rara vez o nunca nos hacemos, porque es una verdad que hemos aceptado. La oración, como un compromiso relacional y transaccional con

Dios, es una verdad que haríamos bien en aceptar. Así Él lo ha establecido.

La verdad es: *La oración activa el decreto y la voluntad de Dios.*

¿Por qué fue eficaz la oración de Elías?

Ninguna otra historia en la Biblia demuestra esto tanto como la que veremos en este capítulo. Es, por mucho, uno de mis pasajes favoritos a la hora de predicar, por ser una ilustración gráfica de uno de los principios más poderosos de la vida. Puesto que Dios sabía que durante siglos lucharíamos en esta área llamada oración, ha ilustrado el proceso de la oración mediante una sequía, un hombre, una nube, una tormenta y algunos frutos. Ya conocimos al hombre llamado Elías en el capítulo 8. Elías pudo haber sido un profeta, pero era un ser humano como cualquier otro, «sujeto a pasiones semejantes a las nuestras» (Stg. 5:17). Sé que en el capítulo anterior comparé el poder de Elías con el de Superman y Batman, pero el profeta no era un superhéroe. Era un ser humano, que «oró fervientemente para que no lloviese, y no llovió sobre la tierra por tres años y seis meses. Y otra vez oró, y el cielo dio lluvia, y la tierra produjo su fruto» (vv. 17-18).

El justo

Elías era un hombre común y corriente, que descubrió cómo hacer que el cielo respondiera a la tierra. Su ejemplo está relatado en 1 Reyes para que comprendamos la importancia de esta transacción que llamamos oración.

El pueblo estaba atravesando una grave crisis: una sequía que había durado tres años (18:1; ver Stg. 5:17). Por tanto, Elías clamó al cielo para que resolviera la grave situación, y el cielo respondió.

¿Por qué fue tan eficaz la oración de Elías? Santiago nos da una razón, cuando escribe que «la oración ferviente de una persona justa» (v. 16, NTV) puede lograr muchas cosas. Ser justo implica estar en correcta relación con Dios, primero a través de la expiación sustitutiva de Jesucristo y segundo mediante la confesión regular y el perdón de pecados. Gracias a la muerte en la cruz y la resurrección de Jesucristo hemos sido declarados justos, pero muy pocos de nosotros lo comprendemos y vivimos conforme a esa justicia.

Muchos de nosotros confundimos ser justos con ser perfectos. Los fariseos pueden haber sido culpables de este error también. Cuando confundes la justicia con la perfección, tu mira está puesta en lo que estás haciendo y no en quién eres en Cristo. Finalmente, esto puede conducir a una de dos cosas o a ambas: el *orgullo*, que viene cuando logras cumplir con éxito varios de los mandamientos o reglas, o la *vergüenza*, que viene cuando te equivocas.

Acceso y autoridad

Sin embargo, la justicia produce las respuestas correctas: humildad y gratitud (ante la comprensión de la muerte de Cristo en la cruz), así como el deseo de hacer lo bueno con un corazón de amor por Dios. Cuando tú y yo vivimos de manera justa, conforme a la definición de las Escrituras de nuestra justicia, tenemos mayor acceso a la autoridad en la oración del reino.

Leemos sobre este acceso en Hebreos:

> Por tanto, teniendo un gran sumo sacerdote que traspasó los cielos, Jesús el Hijo de Dios, retengamos nuestra profesión. Porque no tenemos un sumo sacerdote que no pueda compadecerse de nuestras debilidades, sino uno que fue

> tentado en todo *según nuestra semejanza, pero* sin pecado. Acerquémonos, pues, confiadamente al trono de la gracia, para alcanzar misericordia y hallar gracia para el oportuno socorro (4:14-16).

Cuando estás en relación correcta con Dios, tienes autoridad para acercarte a su trono con confianza y denuedo. Y esperar que Él responda.

Oración ininterrumpida

Desde luego, Elías no había leído ninguna de las Escrituras del Nuevo Testamento, ya que aún no se habían escrito; pero entendía lo que significaba vivir una vida justa y orar conforme a la Palabra de Dios. Finalmente, después de tres años, «vino palabra de Jehová a Elías... diciendo: Ve, muéstrate a Acab, y yo haré llover sobre la faz de la tierra» (1 R. 18:1). Dios le había dicho que si se presentaba ante Acab, Él enviaría la lluvia. Sin embargo, aun así Elías oró, y oró con gran fervor. Esa es una lección para cada uno de nosotros sobre cuán importante es realmente nuestro rol en las transacciones entre el cielo y la tierra.

Así es como se desarrolla la historia, tras la muerte de los falsos profetas en el Monte Carmelo:

> Entonces Elías dijo a Acab: Sube, come y bebe; porque una lluvia grande se oye. Acab subió a comer y a beber. Y Elías subió a la cumbre del Carmelo, y postrándose en tierra, puso su rostro entre las rodillas (1 R. 18:41-42).

Acababa de decirle al rey que oía el rugido de una fuerte tormenta. Y en vez de esperar allí, Elías se colocó en una postura de oración y permaneció allí mientras su criado miraba hacia el mar para avisarle si se aproximaban nubes de lluvia. Dios le había dicho a Elías que enviaría lluvia. Así que si alguien tiene una excusa para no orar, hubiera sido Elías.

Al principio, leímos que no había nubes de lluvia a la vista. Ni una gota amenazaba con caer sobre la tierra seca que había soportado tres años de sequía.

Cada vez que el criado regresaba a Elías para informarle lo que no veía, Elías permanecía en su postura de oración. Se quedó postrado en el Monte Carmelo hasta que ocurriera lo que Dios ya había declarado que haría. No sé tú, pero si Dios me hubiera dicho que iba a llover, me hubiera frustrado a la tercera o cuarta vez que el criado regresara con un «no». Sin embargo, Elías se mantuvo firme o, en realidad, «[se postró] en tierra». Esto se debe a que Elías conocía el verdadero poder de la oración. El poder viene de saber lo que Dios ya tiene la intención de hacer.

Elías no se frustró. No suspiró. Sabía que había escuchado a Dios claramente y que pronto llovería. Debido a ello, pudo esperar pacientemente en oración a pesar de los seis informes negativos de su criado.

Una cosa interesante sobre la oración de Elías en el monte es su postura para orar. Cuando leemos que se postró, también dice que puso su rostro entre las rodillas (v. 42). Eso puede no significar mucho para nosotros hoy, pero en la cultura del Antiguo Testamento poner el rostro entre las rodillas era semejante a la posición de una mujer al momento de dar a luz. La mayoría de las mujeres de esa época se agachaban, se inclinaban y pujaban en su agonizante dolor.

Elías no estaba apoyado a la sombra de un árbol. A pesar de que sabía que Dios dijo que enviaría lluvia, Elías adoptó una postura de alumbramiento y trabajo de parto en oración. Cumplió fervientemente con su deber para traer del cielo lo que estaba por nacer en la tierra: la lluvia. Ejerció la autoridad del reino mediante la oración del reino.

Finalmente, después de la séptima vez que fue a ver el mar, el criado regresó e informó: «Yo veo una pequeña nube como la palma de la mano de un hombre, que sube del mar» (1 R. 18:44). La lluvia estaba a punto de caer de los cielos como de un grifo totalmente abierto.

Recuerda que Elías no hizo llover, sino que accedió a la autoridad de Aquel que podía hacerlo. Colaboró con Dios para poner fin a la sequía y traer sustento, frutos y vida a la tierra. Lo que hizo Elías por medio de la oración fue extender el brazo y agarrar lo que Dios ya le había dicho que le daría.

> *Elías cumplió fervientemente con su deber para traer del cielo lo que estaba por nacer en la tierra: la lluvia.*

Al igual que Elías, debemos considerar nuestras oraciones como un trabajo de parto en la presencia de Dios cuando Él nos impulsa a orar por algo. Muchas veces puede suceder que encontramos una respuesta en la Palabra de Dios o que el Espíritu Santo habla a nuestro espíritu para mostrarnos que ya podemos dejar de orar y detener nuestros esfuerzos. El ejemplo de Elías es todo lo contrario. Elías sabía que Dios había declarado que llovería. Sin embargo, él no solo oró, sino que oró ferviente, expectante y físicamente hasta que recibió una respuesta específica a su petición específica y la manifiesta voluntad de Dios en la tierra. Al igual que Jacob, que luchó con Dios toda la noche hasta que recibió una respuesta del cielo, hay momentos cuando tenemos que luchar con Dios hasta que se mueva.

Nuestra espera personal

Cuando mi hijo menor, Jonathan, tenía problemas académicos en la escuela primaria, intermedia y secundaria, luché varias veces con Dios para ayudarlo a superar sus limitaciones como consecuencia de su trastorno de déficit de atención. Luché durante años sin ver ninguna mejora real en absoluto. Sin embargo, finalmente, Jonathan superó sus limitaciones, incluso se graduó de la universidad en tres años y medio. Y también obtuvo su maestría en el Seminario Teológico de Dallas.

Es posible que no veas caer la lluvia de inmediato, que tu hijo supere una dificultad rápidamente o, si eres soltero, que aparezca una pareja de repente después de esperar muchos años; pero tú y yo debemos perseverar en oración hasta que el cielo responda. Antes que todo, jamás renuncies. La pequeña nube apareció solo a la séptima vez.

Lo que Dios dice que quiere hacer no siempre ocurre de inmediato. Muchas veces Él espera nuestro trabajo de parto para enviarlo del cielo. Esto se debe a que nos ha dado cierto dominio como criaturas suyas hechas a su imagen con el mandato de dominio para «gobernar». La oración del reino es la que puede penetrar en el reino sobrenatural y traer la respuesta del cielo a la tierra.

Lo invisible se trae del cielo en oración.

El poder de la oración del reino

Oración para que no llueva

Nunca olvidaré una cruzada en Columbia, Carolina del Sur, en la que participé hace varios años. Alrededor de 25.000 personas asistieron a esa cruzada, que se centró en la reconciliación racial y la restauración de la comunidad. Los números se dividían por igual entre negros y blancos, en una época de nuestra nación en que la discordia y la división racial eran muy altas. Sentí el peso y la magnitud de esa campaña como el catalizador del comienzo de algo poderoso en esa región y posiblemente en nuestra tierra.

Sin embargo, casi tuvimos que cancelar esa cruzada.

Por la lluvia.

Mientras Elías se había postrado y oró en el Monte Carmelo para que lloviera, en esta reunión nuestros líderes se tuvieron que reunir a orar para que no lloviera. Los cielos amenazaban con desatar una tormenta sobre el estadio de fútbol descubierto y, sin lugar a dudas, cancelar esa actividad. El servicio meteorológico había emitido una alerta de tormentas severas, con posibles inundaciones y daños por fuertes vientos, que se dirigían hacia nosotros. Debía llegar aproximadamente al mismo tiempo en que teníamos programado comenzar.

Reunidos en círculo en una habitación debajo del estadio había un grupo de pastores organizadores, junto con otros que habían ayudado a programar la agenda de la noche. Ante la gran posibilidad de que se cancelara toda la actividad de aquella noche por la lluvia, les pedí a todos que oráramos.

Hubo un rápido acuerdo ante el pedido y varios de los pastores empezaron a orar; pero mientras oraban, no pude evitar pensar que esas oraciones eran lo que yo llamaría oraciones *inofensivas*. Tú sabes a qué tipo de oración me refiero. Le agradecieron a Dios por su soberanía y su poder y le dijeron que sabían que Él podía controlar la lluvia. Le pidieron que detuviera la lluvia *si era su voluntad*, con un corazón agradecido *si no era su voluntad*. Luego pasaron el bastón al siguiente hombre. Y al siguiente, y cuando llegó hasta mí, no puedo decir que añadí nada más de lo que ya se había dicho. La duda puede ser contagiosa.

La oración de Linda

Sin embargo, poco después de orar, una mujer de contextura pequeña, llamada Linda, levantó la mano. Tal vez se había sentido frustrada con las oraciones de los llamados profesionales: los predicadores y líderes.

Sea lo que sea, Linda se puso de pie y preguntó: «¿Me permiten orar?».

¿Qué más podíamos decir, sino: «adelante»?

Linda entonces comenzó a orar: «Señor, tu nombre está en juego aquí. Les dijimos a estas personas que si venían esta noche escucharían una palabra de Dios. Les dijimos que escucharían un mensaje tuyo. Ahora bien, si ellos vienen y tú permites que llueva, si no controlas el clima, tú podrías quedar mal, porque les dijimos que les querías hablar de algo importante. Entonces, si les dijimos que tú querías hablarles y no controlas lo que está en tus manos, el clima, tu nombre podría quedar en vergüenza».

Y luego dijo una frase que hizo que todos nos miráramos por entre el rabillo del ojo mientras oraba: «Por eso, ahora mismo te ordeno en el nombre del Señor Jesucristo que detengas la lluvia por el bien de tu nombre».

Después de esa oración, los predicadores abrimos los ojos intrigados. Todo lo que pudimos decir y pensar fue: «Eh, ¿eso fue solo una oración?».

Después de orar, todos subimos y nos sentamos en la plataforma. El cielo estaba completamente negro detrás de nosotros. La persona asignada para comunicarse con el servicio meteorológico dijo: «Las lluvias se están aproximando. Son fuertes tormentas eléctricas, y vienen directamente hacia nosotros».

Era hora de comenzar la actividad, así que la música comenzó a tocar cuando, de repente, un relámpago masivo espantó a todos. La gente empezó a moverse de sus asientos. Algunos incluso comenzaron a levantarse y abrir sus paraguas.

Mientras los paraguas empezaban a desplegarse en la audiencia, y varias personas en el escenario abrieron el suyo, Linda se sentó cerca, impávida. Vi al hombre al lado de ella ofrecerle su paraguas. Ella hizo un gesto de negación y pude distinguir en sus labios las palabras «no, gracias». Podría decir que sentía que no lo necesitaría.

La respuesta de Dios

Y luego sucedió algo que nunca había visto. La lluvia se abalanzó hacia el estadio como una pared de agua. Sin embargo, cuando tocó el estadio, el paso de la fuerte lluvia se dividió. La mitad de la lluvia caía a un lado del estadio. La otra mitad caía del otro lado. Y luego, literalmente, se juntó en el otro extremo del estadio. Todo el tiempo, Linda estuvo allí sentada con una mirada de confianza en su rostro. El resto de los predicadores y líderes que estábamos en la plataforma nos miramos el uno al otro. Observamos la lluvia que rodeaba el estadio y luego nos miramos nuevamente. Luego miramos a Linda. Ella miraba hacia el frente.

Ahora bien, esta no es una historia que alguien me contó. Yo estuve allí. De hecho, mi familia estaba allí conmigo. No solo eso, sino que 25.000 personas estuvieron allí conmigo. Todos los 25.000 allí presentes presenciamos un milagro esa noche, justo frente a nuestros ojos.

Todo porque una pequeña dama llamada Linda conocía el poder de la oración del reino.

Una mujer evitó que la lluvia hiciera que se cancelara toda una cruzada. Su pequeña contextura tuvo más poder que todos los predicadores juntos. Simplemente, porque estaba íntimamente conectada y comprometida con el poder de la oración, un poder que proviene del acceso a la autoridad de Dios por la fe. Estoy seguro de que no te sorprenderá saber que esa noche muchas personas le entregaron su corazón al Señor para recibir la salvación; su espíritu se ablandó con solo haber presenciado un fenómeno meteorológico como ningún otro.

Ya sea que estés orando para que llueva, como Elías, o para que no llueva, como Linda, tu ferviente oración de fe logrará mucho más de lo que jamás has imaginado. La oración es una poderosa herramienta en el corazón de alguien que no renuncia hasta que suceda lo que cree que Dios ha dicho.

PARTE 3

Las condiciones de la oración del reino

Capítulo 11

Mueve montañas

Todos hemos viajado a través de puentes en algún momento de nuestra vida. Cuando cruzas un puente, por lo general, se debe a que dos cuerpos de tierra están separados por un obstáculo. O bien hay una vía fluvial —un lago o un río— que no se puede atravesar, por eso se necesita un puente. O tal vez hay un valle entre dos montañas o dos colinas altas que es demasiado grande y extenso para cruzar. El puente está destinado a llevarte desde donde estás hasta donde deseas ir.

Dios ha construido un puente para todos los que hoy leen este libro. Es un puente para todos los que creen en el nombre de su Hijo, Jesucristo. Este puente te traslada de lo natural a lo sobrenatural. Te permite tener la libertad de llegar a un lugar al que hubiera sido imposible llegar sin él. No solo eso, sino que el puente te ofrece la posibilidad de llegar a ese lugar más rápido que a cualquier otro lugar que vayas por tus propios medios. Este puente que Dios nos ha dado se llama fe.

Tan indispensable es la fe para experimentar la autoridad de la oración del reino, que Dios dice que sin ella «es imposible agradarlo» o recibir una recompensa de parte de Él (He. 11:6). Y es la conexión que te lleva desde donde estás hasta donde necesitas ir.

La fe es el único puente que Dios te ha dado para que pases de lo natural a lo sobrenatural. Por lo tanto, si decides no usarlo, no podrás cruzar del otro lado. No importa cuánto desees o necesites cruzar, sin fe no entrarás al reino sobrenatural de la oración del reino.

Me gusta definir la fe tan simple como actuar sobre la verdad que Dios dice. Lo sé, ya mencioné esta definición en los capítulos 6 y 8, pero la repito aquí porque quiero que la recuerdes. La fe es permitir que tus acciones reflejen la convicción de que lo que Dios dice es verdad. Por supuesto que Dios dice la verdad, pero nuestras acciones no siempre reflejan esa creencia. En especial, cuando la verdad que Dios ha dicho aún no se ha manifestado en nuestra vida. Por eso también me gusta explicar que la fe actúa como si algo fuera así aunque no lo sea, para que así sea solo porque Dios así lo dijo.

El papel de la fe

Si bien la oración es el puente para comunicarte con Dios, la fe es el movimiento que haces a través de ese puente. Imagina que tú y yo estuviéramos parados en un puente construido sobre un río, y ese puente fuera la única forma de cruzar al otro lado. Ninguno de nosotros podríamos argumentar que el puente no existe. Allí está. De hecho, ambos podemos ver claramente el otro lado del puente desde donde estamos. Sabemos que nos conecta con el lugar donde queremos ir; pero ¿qué pasa si yo cruzo el puente y tú decides quedarte donde estás? ¿Los dos le daríamos uso al puente? No. Un puente solo es útil si lo cruzas. Y un puente que no se usa es un puente inútil.

Dios le ha dado a cada creyente un puente que llega directamente a la sala de su trono. Él te ha dado acceso tanto a sus oídos como a su voz a través de este puente. Sin embargo, no te forzará a cruzarlo. Debes cruzarlo por tu propia voluntad. Esta es la definición misma de la fe.

Cuando enfrentas pruebas, adversidades, expectativas y deseos sin cumplir en tu vida, necesitas la intervención sobrenatural de Dios. Todos necesitamos su intervención sobrenatural. ¿Cómo lo sé? Porque he sido pastor durante más de cuarenta años y lo he visto en infinidad de vidas, así como en la mía. Las soluciones naturales a los problemas de la vida no consiguen nada sustancial o duradero. Pueden resolver las cosas temporalmente, ocultarlas o distraerte por un momento; pero el poder sobrenatural que transforma solo proviene de Dios. Y solo un puente te da acceso a Él: la oración *de fe.*

El papel de la incredulidad

Nada te mantendrá más atrapado en tus circunstancias y los problemas de la vida como la incredulidad. La incredulidad, literalmente, limita lo que Dios hará en y a través de ti. La incredulidad pone esposas a un Creador todopoderoso. Leemos en Mateo 13 que Jesús estaba limitado en su poder debido a la incredulidad de quienes lo rodeaban, cuando dice: «Y no hizo allí muchos milagros, a causa de la incredulidad de ellos» (v. 58).

La incredulidad es tan poderosa que, literalmente, detiene la obra de Dios en tu vida. Mantiene a Dios a distancia. De hecho, si insistes en no creer seguirás atrapado precisamente donde estás por el resto de tu vida. Nunca cruzarás el puente de lo natural a lo sobrenatural si sigues en incredulidad. Lisa y llanamente, no es posible.

¿Cómo afecta esto tus oraciones?

En todos los sentidos.

Cuando Dios escucha tus oraciones, no solo escucha tus palabras, sino también tu corazón y tu espíritu. Cuando lo que dices verbalmente no guarda relación con la verdad que crees internamente, esa verdad interna triunfa.

Déjame darte un ejemplo. Imagina que estás a punto de hacer un viaje a Londres como vacaciones de verano. Empacas tus maletas, cierras tu casa con llave y te vas al aeropuerto. Pasas por la seguridad, caminas por la explanada internacional y ves un monitor de salida, que empieza con Atenas, Grecia. Entonces recuerdas que un amigo había ido allí y lo había disfrutado en gran manera. Entonces, decides ir a Grecia. Buscas el número de la puerta de embarque, te diriges a ese avión y esperas a que llegue el momento de abordar el vuelo a Grecia.

Cuando llaman a los pasajeros a abordar el avión, se ponen en fila. Cuando es el turno de entregarle tu boleto al asistente, le dices que quieres ir a Grecia. En cambio, en tu boleto figura Londres.

—Lo siento —dice el asistente—, su boleto es para Londres. No puede tomar este vuelo.

—Lo sé —respondes—, pero quiero ir a Grecia.

El asistente solo sonríe y te pide que te hagas a un lado para atender al próximo pasajero de la fila. La razón es que las únicas personas que pueden tomar el vuelo a Grecia son las que pagaron ese boleto. Solo aquellas cuyos deseos concuerdan *con* sus acciones.

No importa si quieres ir a Grecia. Ni siquiera importa que digas que vas a Grecia. Lo único que importa es el boleto que tengas en tus manos, porque ese boleto revela lo que finalmente crees.

A menudo hacemos oraciones elocuentes y pedimos cosas claras, pero lo hacemos en oposición a lo que creemos en nuestro corazón. Por supuesto, Dios mira el corazón. Él mira lo que realmente creemos y nos responde en consecuencia.

La falta de fe de los discípulos

Jesús nos enseña cómo acceder al poder del reino sobrenatural en nuestra vida a través de la dádiva de la oración del reino en un hecho que sucedió durante su ministerio terrenal. Repasemos primero la historia:

> Cuando llegaron al gentío, vino a él un hombre que se arrodilló delante de él, diciendo: Señor, ten misericordia de mi hijo, que es lunático, y padece muchísimo; porque muchas veces cae en el fuego, y muchas en el agua. Y lo he traído a tus discípulos, pero no le han podido sanar. Respondiendo Jesús, dijo: ¡Oh generación incrédula y perversa! ¿Hasta cuándo he de estar con vosotros? ¿Hasta cuándo os he de soportar? Traédmelo acá. Y reprendió Jesús al demonio, el cual salió del muchacho, y éste quedó sano desde aquella hora. Viniendo entonces los discípulos a Jesús, aparte, dijeron: ¿Por qué nosotros no pudimos echarlo fuera? Jesús les dijo: Por vuestra poca fe; porque de cierto os digo, que si tuviereis fe como un grano de mostaza, diréis a este monte: Pásate de aquí allá, y se pasará; y nada os será imposible (Mt. 17:14-20).

La historia comienza con un padre que tiene un hijo lunático y enfermo. Básicamente, sufre de un desequilibrio mental y además «padece muchísimo». El padre clama por misericordia, porque su hijo llegó al extremo de perder el control y arrojarse al fuego o al agua. Sin saber qué hacer, el padre lo lleva a los discípulos de Jesús para que lo ayuden de alguna manera, pero ellos no pueden. No pueden sanarlo aunque Jesús les dio autoridad para sanar y echar fuera espíritus inmundos.

Encontramos esto en Mateo 10, cuando Jesús comisionó a sus discípulos para el servicio y les dijo: «Y yendo, predicad, diciendo: El reino de los cielos se ha acercado. Sanad enfermos, limpiad leprosos, resucitad muertos, echad fuera demonios; de gracia recibisteis, dad de gracia» (vv. 7-8). Jesús había encomendado a sus discípulos a que, en su nombre, sanaran a los heridos en lo espiritual, lo físico y por las circunstancias. Les había dado el poder de hacer todas estas cosas para demostrar la autoridad del reino. Sin embargo, cuando este padre fue a los discípulos para que sanaran a su hijo, los discípulos no pudieron hacerlo.

Entonces, el padre fue a ver a Jesús y le dijo que había recurrido a los discípulos, a los que Él había designado para sanar, pero que ninguno había podido. El padre había ido al lugar correcto, pero no recibió nada. Era un padre decepcionado que fue a Cristo y suplicó misericordia por un hijo al que amaba muchísimo. Y cuando lo hizo, Jesús inmediatamente reprendió al demonio que estaba en el muchacho, y el demonio lo dejó.[1] El hijo se sanó de inmediato.

Sin embargo, fíjate lo que dijo Jesús antes de pedirle que trajeran al muchacho para sanarlo: «¡Oh generación incrédula y perversa! ¿Hasta cuándo he de estar con vosotros? ¿Hasta cuándo os he de soportar?». Jesús pudo haber manifestado su enojo de esta manera a sus discípulos en nuestros días:

«¿No pueden hacer nada sin mí?».

«¿Cuántas veces tengo que decirles lo mismo una y otra vez?».

«¿Cuántas reuniones tenemos que celebrar?».

«¿Cuántas veces tienen que verme hacer esto?».

Jesús se había enojado santamente. Y con razón. Eran sus

1. Dos pasajes paralelos revelan que el joven estaba endemoniado. Ver Marcos 9:17-21, 25-29 y Lucas 9:37-42.

discípulos. Los escogidos para vivir íntimamente con Él durante todos esos años. Los que fueron testigos de su poder, recibieron su autoridad y fueron escogidos para traspasar su legado a otros más allá de su vida, pero no lo entendieron. No pudieron entender todo lo que tenían que entender.

Tal vez estaban atrapados en la realidad física que tenían en frente: el muchacho lleno de tierra, cicatrices y baba. Tal vez estaban atrapados en las circunstancias que los rodeaban: la desesperación de arrojarse al fuego o al agua para poner fin a la vida y el dolor. Cualquiera fuera el caso, no podían ver la verdad espiritual a través de la niebla física.

Cuando Jesús vio al muchacho, reprendió al demonio. Sabía que detrás de las manifestaciones físicas en la vida de este joven había una raíz espiritual que debía abordar.

Atrapados en lo que vemos... o hacemos

Esto nos pasa en nuestra vida de oración, ¿verdad? Nos concentramos tanto en lo que podemos ver que no vemos todo lo que deberíamos ver. Permitimos que las realidades físicas, mentales y circunstanciales sean las que determinen nuestro rumbo, incluso en la oración. Les permitimos dictar nuestras creencias. Por consiguiente, la situación, relación o incluso nosotros mismos seguimos enfermos, estancados y atados a nuestras circunstancias, porque no hemos aprendido a luchar en el ámbito espiritual a través de la fe. La oración del reino considera primero lo espiritual.

Si me duele la cabeza, voy a la farmacia de mi barrio y compro algún medicamento para el dolor de cabeza. Puedes hacer lo mismo. O tal vez tengas un té o un aceite aromático favorito para aliviar el dolor de cabeza. Sea cual sea el caso, estás tratando un dolor físico con una solución física. Sin embargo, si alguien con dolor de cabeza ha intentado todo eso y el dolor de cabeza todavía persiste, iría a consultar a un médico. Y si el médico encontrara un tumor, entonces la solución sería completamente distinta. Aunque el síntoma físico fuera el mismo —dolor de cabeza—, el tratamiento sería muy diferente. Esto se debe a que se habría diagnosticado e identificado la raíz del problema.

Muchos viven hoy muy desdichados por la sencilla razón de que se niegan a ir al Gran Médico y descubrir la raíz espiritual de lo que está mal en sus vidas. Por el contrario, están tratando los síntomas, o adormeciendo el dolor o tratando de olvidar que les duele. Para ello, usan una variedad de medios: automedicación, alcohol o sexo, e incluso distracciones divertidas como la televisión, ir de compras, la comida, la Internet y las redes sociales. Sin embargo, ninguna de esas cosas los sanará o les dará una vida con la autoridad plena del reino que Dios ofrece. Esas prácticas pueden proporcionar placeres temporales o alivio momentáneo; pero cuando terminan, la cuestión de raíz que desde un principio los llevó a estar en esa condición aún permanece.

Por supuesto que ninguna de esas cosas está mal en sí misma. Con moderación, pueden traer placer, entretenimiento y más; pero con el paso del tiempo he visto estas prácticas llevadas al extremo en nuestra cultura. Cuando eso sucede, tales prácticas se convierten en una muleta espiritual o emocional, que impide recibir una verdadera sanidad. Esto demora la sanidad que tan desesperadamente necesitamos y que puede suceder rápidamente cuando nos colocamos en las manos sobrenaturales de Jesucristo con fe mediante la oración.

Cuando Jesús ordenó al demonio que dejara al muchacho, el joven quedó sano instantáneamente. Dios no promete sanidad instantánea hoy, pero hay veces que los que han luchado por meses o años para superar sus problemas son libres de la noche a la mañana. Esa es una respuesta sobrenatural a la oración del reino. Cuando cruzas el puente de la fe, Dios puede aparecer de la nada y cambiar las cosas en un instante.

Lo vemos todo el tiempo en las Escrituras. Cuando Jesús aparecía: *¡zas!* Sanaba, alimentaba, resucitaba a los muertos, consolaba y mucho más. Parte de eso era ayudar a su pueblo a reconocer su ministerio divino y a Él como el enviado de Dios, el Mesías (tal como se lo dijo indirectamente a Juan el Bautista en Lucas 7:20-22). Pocos de nosotros accedemos hoy a todo el poder de la providencia sobrenatural de Dios porque somos como los discípulos, que caminaban con Jesús, conocían sus enseñanzas y hacían todo lo posible por obedecerle. Sin embargo, carecían de un elemento decisivo para acceder a la autoridad del reino de los cielos. Les faltaba la fe que considera primero lo espiritual.

¿Qué falta?

Incluso los discípulos reconocieron que faltaba algo. Por eso después que Jesús sanó al muchacho le hicieron un gesto para que fuera y hablara con ellos en privado. «¿Por qué no pudimos echarlo fuera?», preguntaron. En otras palabras: «¿Qué nos falta?».

¿Alguna vez tuviste ganas de hacerle la misma pregunta a Jesús? Has estado tratando de enfrentar y resolver situaciones personales, pero nada funciona. Estás leyendo la Biblia. Estás orando. Vas a la iglesia, pero por alguna razón, esta práctica religiosa parece no darte el mismo resultado que a Jesús. El poder del reino del cual habló, que nos mostró y prometió no podría estar más alejado de la experiencia y la realidad de tu propia vida. Y solo quieres decir: «Oye, Jesús, ¿por qué nada de esto me da el mismo resultado que a ti?».

La respuesta de Jesús para ti, para mí y para todos nosotros es la misma que les dio a sus discípulos hace muchos años. Fue su poca fe, Él les dijo. La razón de su fracaso fue porque no pudieron creer. Cuando lo que haces o crees no te permite cruzar el puente hacia lo sobrenatural, significa que te falta fe o es demasiado poca o está puesta en el objeto equivocado. No significa falta de buena intención. No significa falta de conocimiento. Ni siquiera significa falta de esperanza. Sin embargo, ciertamente, significa falta de fe o demasiado poca fe. La fe determina tu experiencia o la falta de experiencia de lo sobrenatural.

Jesús reprendió a los discípulos y les explicó que su fe era insuficiente para el problema. No les dijo que no tenían fe. Les dijo que tenían poca fe. «Por vuestra poca fe», les dijo. Los discípulos tenían suficiente fe para seguirlo. Tuvieron suficiente fe para escuchar el problema del padre sobre su hijo. Tuvieron suficiente fe para intentar resolver el problema, pero no tuvieron la fe suficiente para resolverlo realmente.

El tamaño de nuestra fe

Entonces, ¿cuán pequeña era su fe? Tuvo que haber sido más pequeña que un grano de mostaza, dado que esa es la analogía que Jesús usó para mostrarles cuánta fe necesitaban. Leemos: «De cierto os digo, que si tuviereis fe como un grano de mostaza, diréis a este monte: Pásate de aquí allá, y se pasará; y nada os será imposible» (Mt. 17:20). Les dijo que todo lo que necesitaban era fe como un grano de mostaza para afrontar problemas del tamaño de una montaña.

Un grano de mostaza

¿Qué tan pequeño es un grano de mostaza? ¡Es aproximadamente del tamaño de la punta de un lápiz mediano! Eso sí que es pequeño, lo que podría confundirnos con respecto a lo que Jesús acaba de decir. Después de todo, les dijo a los discípulos que no pudieron sanar al muchacho por su poca fe. Sin embargo, luego les dio un ejemplo de cómo una fe muy pequeña puede mover una montaña.

No obstante, lo que más importa es lo que hay dentro del grano de mostaza. Dentro de esa semilla, cuando se siembra, hay un árbol de cinco metros. La semilla en sí misma puede ser pequeña, pero la vida que hay dentro de ella es enorme.

Lo que hizo que la fe de los discípulos fuera poca fue la falta de vida en su interior. Era un problema de vida. La comparación era una fe viva frente a una fe muerta, que no consideraba lo espiritual. Lo que hace pequeña la fe es la ausencia de vida espiritual en su interior. Cuando existe este vacío, se convierte en lo que Santiago describe como «fe... muerta» (Stg. 2:26).

Nuestro problema —para quienes no accedemos regularmente a la autoridad del reino por medio de la fe en la oración— es la falta de vida en nuestra fe. Tenemos buenos planes, grandes sueños y expectativas y muchas cosas más, pero nada de eso crecerá sin una fe viva. Cuando algo no tiene vida, no puede crecer. Jesús nos recuerda que no necesitamos tener mucha fe, el tamaño de un grano de mostaza alcanza; pero sí tiene que ser una fe viva. Ese tipo de fe puede mover montañas. Al igual que una bellota puede brotar a través de una losa de concreto porque la naturaleza

Lo que hizo que la fe de los discípulos fuera poca fue la falta de vida en su interior. Lo que hace pequeña la fe es la ausencia de vida espiritual en su interior.

de la vida que hay en su interior es lo bastante fuerte para perforar la fuerte losa. La naturaleza de la fe es la que accede al poder del reino de los cielos y lo hace bajar a la tierra.

Hay otra distinción muy importante en lo que Jesús dijo que a menudo pasamos por alto en la figura del grano de mostaza. Permíteme repetir lo que Él dijo, con una ligera modificación, a ver si lo notas: «De cierto os digo, que si tuviereis fe como un grano de mostaza, podrías decir a este monte: Pásate de aquí allá, y se pasará; y nada os será imposible». ¿Lo notaste? Tal vez quieras volver atrás y compararlo con la vez anterior que cité el versículo correctamente y ver si puedes encontrar la diferencia.

Mueve montañas

La forma verbal que yo usé es «podrías decir», pero la declaración original de Jesús, es «diréis». Si vuelves a cambiar las palabras «podrías decir» a «diréis», la conversación tiene otro significado. Jesús no dice que *podrías* tener suerte y recibir la respuesta a tus oraciones si tienes fe del tamaño de un grano de mostaza. Él dice que *moverás* esa montaña con fe de ese tamaño. Le *dirás* a la situación lo que debe hacer.

Las montañas son obstáculos. A menudo se usan como símbolos de problemas en las Escrituras. Entonces, cualquier obstáculo que se interponga en tu camino, ya sea una adicción, la soledad, las deudas o una mala salud, si tu fe viva concuerda con la voluntad de Dios, *superarás* ese obstáculo.

Ahora bien, recuerda lo que los discípulos estaban tratando de hacer, lo que Jesús les había encomendado. Eso significa que estaban actuando de acuerdo con la voluntad revelada de Dios. La fe viva siempre debe estar de acuerdo con la verdad y la voluntad de Dios. El grano de mostaza no es para pedir cualquier cosa que quieras. Dios es soberano en su reino y su autoridad está sobre todo. Sin embargo, muy pocos de nosotros, creyentes que hemos sido dotados y hemos recibido la comisión de glorificar su nombre y extender su reino en la tierra, experimentamos toda la autoridad y todo el poder que Él ha prometido si tuviéramos fe.

¿Puedes imaginarte qué diferentes serían las cosas si aprendieras a enfrentar la vida con fe viva?

¿Te imaginas hablar a tus montañas y verlas moverse?

¿Hablarle a tus problemas y verlos moverse?

O, mejor aún, ayudar a otros en el nombre de Jesús. Ese tipo de fe puede cambiar familias, comunidades, iglesias, escuelas, ministerios, empresas, países y el mundo.

La mayoría de nuestros problemas hoy son el resultado de creyentes en Jesucristo que viven en incredulidad. Viven como los discípulos, con una fe en lo que pueden ver: una fe en la religión y las buenas obras. Sin embargo, cuando se trata de ser libres de una difícil situación, no tienen fe para lograrlo.

Ese tipo de fe nace de una relación. Nace de la intencionalidad. Nace de la conclusión de Jesús cuando les dijo a sus discípulos: «Pero este género no sale sino con oración y ayuno».

Cuando dice «este género» (Mt. 17:21), se refiere a una difícil situación. Recuerda que este demonio particular había tomado posesión del muchacho. Problemas de la vida tan graves como este pueden requerir una fe viva y profunda, a veces expresada en ayuno.

Entonces, ¿qué es exactamente la oración y el ayuno en su esencia? Es la comunicación relacional e intencional con Dios, incluso con la exclusión de los deseos o necesidades normales del cuerpo.

Infunde vida a tu fe

Sea lo que sea que te controle, te domine y te desanime, vas a tener que profundizar para que se mueva. Jesús no expulsó al demonio con una píldora. Lo expulsó porque había alcanzado la profunda concordancia de una fe viva con un Dios vivo a través de la oración y el ayuno. Hay algunas cosas, de hecho muchas cosas, que solo Dios puede hacer.

La pregunta entonces es: ¿cómo infundir vida a la fe como la vida que se encuentra en el grano de mostaza? Al conocer a Aquel que es la vida. Al someter tu corazón, tu mente y tu espíritu a Dios y experimentar así su vida en ti. Sí, eso significa tomarte un tiempo de tu rutina diaria para comunicarte con Dios regularmente. Después de todo, Pablo nos exhortó a *orar sin cesar.* Significa tomarte un tiempo cuando te despiertas para transformar tus pensamientos humanos de «Oh Señor, es de mañana» a «Oh Señor, gracias por otra mañana». Significa reemplazar la queja por gratitud. Deshacerse de la falta de perdón.

Al hacer todas estas cosas, la verdad de quién eres tú se conforma a la verdad de Dios: mostrar amor, bondad, mansedumbre, dominio propio y todas las cosas que comprenden la naturaleza del Espíritu Santo. Cuanto más se conforme tu espíritu a su Espíritu, mayor será tu vida en tu fe.

La fe no es solo un sentimiento, un deseo, ni siquiera una oración. La fe es creer que Aquel en quien crees es digno de que creas en Él. La fe es la sustancia dentro de la semilla. La sustancia de las cosas que esperas y crees.

Capítulo 12

La fuerza del ayuno

El agua que se continuaba filtrando en su sótano dejó perplejo a un propietario. Escurría el agua y secaba el sótano, pero el agua regresaba. Entonces inició una búsqueda.

Revisó todas las conexiones de agua en la superficie y luego las baldosas de drenaje del sótano. No había nada malo allí; pero el agua regresaba y él seguía escurriendo el agua y secando el sótano. Finalmente, cansado, el hombre decidió llamar a un plomero, quien no tardó en informarle que tenía una filtración de agua bajo los cimientos de la casa. El problema no se resolvió hasta que el hombre levantó el piso del sótano, reparó la filtración y puso un nuevo piso.

Al igual que este hombre, perdemos el tiempo tratando de escurrir y secar el agua que los problemas que enfrentamos nos trae, solo para descubrir que nada ha cambiado. Necesitamos levantar esos pisos viejos que están ocultando el verdadero problema y poner nuevos cimientos. La disciplina espiritual del ayuno, cuando la combinamos con la oración, nos otorga una mayor autoridad del reino.

Comencemos con una definición. El ayuno es *la abstinencia deliberada de alguna forma de gratificación física, por un período de tiempo, para alcanzar una meta espiritual mayor.* Cuando ayunas, no tiene que ser solo de comida. Puede ser de cualquier forma de gratificación física, incluida la televisión, la Internet y las redes sociales. Sin embargo, a menudo el ayuno está basado en la abstinencia o limitación de alimentos, por lo tanto, este será el énfasis principal en este capítulo.

Comer es uno de los componentes fundamentales del ser humano. Comemos varias veces al día para obtener la nutrición y la energía que necesitamos para sobrevivir. Sin embargo, de vez en cuando, surge algo que es más importante que nuestra próxima comida. Cuando están trabajando en un proyecto importante, muchos profesionales tienen un «almuerzo de trabajo». No salen de la oficina, porque su trabajo es más importante que la comida. Y si están retrasados y necesitan apresurarse para cumplir con una fecha límite, se saltan el almuerzo ya que el trabajo es más importante que la comida.

No es solo en la oficina. En muchos hogares, cuidar a los niños y mantener la casa en funcionamiento es un trabajo tan continuo que no hay tiempo para que mamá se siente y coma. Para mamá, atender las necesidades de sus hijos y el hogar es más importante que la comida, y es posible que ni siquiera se dé cuenta de que no comió nada en todo el día.

Lo que a menudo hacemos sin pensar porque estamos ocupados o distraídos, el Señor nos pide que lo hagamos de manera intencional cuando nos llama a ayunar. El precedente y las razones para hacerlo se encuentran a lo largo de todas las Escrituras.

En la Biblia, vemos que el pueblo de Dios ayunaba *en los momentos de crisis.* Ayunaban cuando necesitaban desesperadamente un cambio radical en sus circunstancias, sus emociones, sus relaciones, su futuro o su nación. El ayuno le muestra a Dios que nuestra necesidad de Él es mayor que nuestra necesidad de alimentos o cualquier otra cosa de la que decidamos abstenernos. Aun Jesús ayunó en tiempos de necesidad. En Mateo 4, Jesús fue al desierto para ser probado por el diablo. Se preparó en ayuno durante cuarenta días, y las primeras palabras del diablo fueron para tentar a Jesús a comer (Mt. 4:3). La respuesta del Señor fue declarar que el hombre no vive solo del pan, sino de cada palabra que sale de la boca de Dios (cita de Dt. 8:3).

Ayunar: Poner nuestro apetito por Dios por encima de otras necesidades

Al ayunar, le muestras deliberadamente a Dios que estás decidido a llamar su atención y que estás escuchando atentamente su voz. Privarse de una comida no necesariamente es ayunar. El ayuno es la elección intencional de poner tu apetito por Dios por encima de cualquier otra necesidad.

¿Recuerdas lo que Jesús le dijo al diablo? No podemos vivir solo de pan, porque necesitamos aún más la Palabra de Dios. El ayuno muestra a Dios y a nosotros mismos que su Palabra es más importante que la comida. Cuando ayunamos, le damos toda nuestra atención al Espíritu Santo.

Zacarías 7:5-6 dice que cuando comemos, lo hacemos para nosotros mismos; pero el pasaje continúa diciendo que cuando ayunamos, lo hacemos para el Señor.

Demostramos un quebrantamiento que grita: «¡No puedo hacer esto!». El hombre o la mujer autosuficiente no ayunarán, pero el desesperado sí lo hará. La nación autosuficiente no ayunará, pero la desesperada sí lo hará.

La verdad es que no podemos vivir la vida cristiana en nuestras propias fuerzas. No podemos hacer que las cosas sucedan. No podemos forzar la victoria en nuestra vida solo con nuestra propia estrategia. Tenemos que matar de hambre a nuestra carne para alimentar nuestro espíritu. Cuando nuestro espíritu es fuerte y nuestra carne es débil, experimentamos grandes victorias espirituales por doquier. La pregunta no es si el ayuno cambia las cosas. La pregunta es: «¿Cuánto deseas que las cosas cambien?».

Una viuda hambrienta se prepara para morir

Para comprender la importancia del ayuno y el papel que desempeña en el fortalecimiento de nuestras oraciones, sigamos de cerca a Elías nuevamente en este capítulo. Veamos la historia de su encuentro con la viuda de Sarepta en 1 Reyes 17.

Al momento de transcurrir esta historia, Elías estaba comenzando su ministerio como profeta del Señor. En total dependencia de Dios, Elías escuchó la voz de Dios y lo obedeció con toda confianza. Dios le indicó que se escondiera cerca del arroyo de Querit por un tiempo, como vimos en nuestro capítulo sobre el compromiso y la calma. Sin embargo, después que Elías estuvo escondido por un tiempo, Dios le ordenó: «Levántate, vete a Sarepta de Sidón, y mora allí; he aquí yo he dado orden allí a una mujer viuda que te sustente» (v. 9).

Sarepta era una región calurosa y árida ubicada en Fenicia, que corresponde al Líbano actual. Esta región estaba experimentando una sequía severa por la falta de lluvia durante varios meses. La falta de agua dañó las cosechas, lo que fue un golpe devastador para esta sociedad agrícola. Sin cultivos, no había comida. Ese tiempo era especialmente difícil para una viuda, que no tenía medios de ingresos ni familia que cuidara de ella.

La viuda de Sarepta y su hijo realmente enfrentaban una crisis: estaban preparando su última comida y esperaban morir de hambre (v. 12). Sin embargo, Dios le había ordenado a esta viuda darle de comer a Elías para que pudiera seguir cumpliendo con la agenda del reino de Dios en la tierra.

Elías se acercó a la mujer y le dijo: «Te ruego que me traigas un poco de agua en un vaso, para que beba» (v. 10). Ella le dio un poco de agua, y luego Elías le pidió algo más. Esta vez le pidió comida. Le dijo que quería un pedazo de pan. Ella respondió: «Vive Jehová tu Dios, que no tengo pan cocido; solamente un puñado de harina tengo en la tinaja, y un poco de aceite en una vasija; y ahora recogía dos leños, para entrar y prepararlo para mí y para mi hijo, para que lo comamos, y nos dejemos morir» (v. 12).

La viuda sabía que Elías vendría y Dios le había ordenado darle de comer (v. 9), pero cuando llegó el momento de obedecer las instrucciones de Dios, ella miró sus circunstancias desesperantes y permitió que la cuestión práctica de no tener comida le impidiera obedecer a Dios. En cambio, la fe es la certeza de que Dios puede satisfacer la necesidad que traes ante Él, y en ese momento, la viuda desmayó en su fe: no había orado a Dios por ayuda.

Mira más allá de las circunstancias

Al igual que la viuda de Sarepta, muchos afirmamos creer en Dios, pero solo lo obedecemos cuando es práctico. Preferiríamos escuchar el sentido común en lugar de invocar al Señor. *¿Cómo puede ayudarnos en este tiempo de hambruna?* Sin embargo, Dios no siempre obra de una manera que llamamos «práctica». Cuando le habla a su pueblo, quiere saber: «¿Tienes suficiente confianza en mi Palabra para seguir adelante y confiar en mí?». La viuda le dijo a Elías: «Sí, creo en Dios, pero en el mundo real, donde vivo, soy una viuda indigente, y no tengo pan para darte».

Todo lo que vio fue que tenía un poco de harina y un poco de aceite. Sin embargo, si miras la situación desde otra perspectiva, ¡sabrás que la harina y el aceite son los ingredientes necesarios para hacer pan! La viuda tenía lo que necesitaba para hacer lo que Dios le dijo que hiciera, pero para ella no era práctico. Permitió que sus circunstancias determinaran su decisión, y su temor sobrepasó su fe.

Aunque la viuda utilizó su vista física para ver su situación, Elías usó su visión espiritual para percibir lo que Dios podía hacer. Elías le dijo: «No tengas temor; ve, haz como has dicho; pero hazme a mí primero de ello una pequeña torta cocida debajo de la ceniza, y tráemela; y después harás para ti y para tu hijo. Porque Jehová Dios de Israel ha dicho así: La harina de la tinaja no escaseará, ni el aceite de la vasija disminuirá, hasta el día en que Jehová haga llover sobre la faz de la tierra» (vv. 13-14).

Elías vio que no solo tenía lo suficiente para alimentarse a sí misma y a su hijo, sino que también tenía para él. Ten en cuenta que después que la viuda recibió la Palabra de Dios, hubo un cambio en su respuesta. Su confianza creció y ella pudo dar el paso de fe que no había podido dar antes. «Entonces ella fue e hizo como le dijo Elías; y comió él, y ella, y su casa, muchos días. Y la harina de la tinaja no escaseó, ni el aceite de la vasija menguó, conforme a la palabra que Jehová había dicho por Elías» (vv. 15-16).

Cuando Elías declaró la Palabra de Dios a la viuda, le recordó la verdadera naturaleza del Señor. Esto muestra por qué todos necesitamos que las personas declaren la Palabra de Dios en nuestras vidas: pastores, maestros, amigos, familiares. Cuando olvidamos la fidelidad de Dios, estas personas nos recuerdan que la Palabra de Dios nos dice que Él cuidará de nosotros. Sus palabras nos recuerdan que la vida bíblica supera la vida práctica.

Muévete con fe

Muchos de nosotros tenemos necesidades inmediatas por las que oramos. Quizá incluso oramos con frecuencia por ellas; pero, si no nos movemos con fe, limitamos la oportunidad de ver la mano sobrenatural de Dios. Satanás usará nuestras dudas para establecer su autoridad corrupta en nuestra vida. La mejor manera de resistir la influencia de Satanás es seguir adelante y obedecer al Señor a pesar de nuestros temores y nuestras dudas. La obediencia derriba la pared de la duda. La acción es prueba de la existencia de la fe verdadera.

La viuda eligió obedecer a Dios a pesar de su temor, y preparó comida para Elías. Su acto de obediencia es la verdadera definición de ayuno. La viuda tenía lo justo para su última comida, pero ella la sacrificó para obedecer a Dios. Y Él bendijo su obediencia. Las Escrituras dicen que Dios tomó esa harina y la multiplicó para que comiera Elías, «ella, y su casa, *muchos* días» (v. 15). Dios suplió sus necesidades porque ella actuó con fe, sin temor.

Amigo, el temor no tiene que paralizarte. Cuando das el más mínimo paso de fe, comienzas un camino de fe. La viuda renunció a algo físico, su comida, como un acto de fe. Su obediencia aumentó su confianza y fe en Dios, y Él la bendijo.

El principio de dar: Dar... para recibir

Esta simple historia ilustra un principio más importante del reino con respecto al ayuno y la obediencia en la Palabra de Dios. Ya lo hemos visto, pero vamos a repasarlo por si acaso. «Den, y recibirán. *Lo* que den a otros les será devuelto por completo: apretado, sacudido para que haya lugar para más, desbordante y derramado sobre el regazo. La cantidad [*lo*] que den determinará la cantidad que recibirán a cambio» (Lc. 6:38, NTV).

Como se menciona en el capítulo 6 (en: «Las oraciones poderosas son oraciones que incluyen dar»), la palabra más importante en este versículo es «lo». ¿A qué se refiere «lo»? Es lo que damos. El principio es: Da, y sea lo que sea que des te será devuelvo. La viuda de Sarepta necesitaba comida, y Dios le pidió que diera comida para su causa. Tenía que estar dispuesta a actuar con fe en la misma área de su necesidad.

En nuestra vida, cuando damos de nosotros mismos y nuestra bolsa se vacía, Dios nos bendecirá tanto que sus bendiciones desbordarán. Lucas 6:38 ilustra el principio de dar con la figura del grano que se recogía en una bolsa. Después de recoger el grano, el colector lo presionaba hacia abajo y lo sacudía para que cupiera más grano en la bolsa. El mismo principio se enseña en Gálatas 6:7: «No os engañéis; Dios no puede ser burlado: pues todo lo que el hombre sembrare, eso también segará». Cosecharás lo que siembres. No se siembra piñas y se cosecha sandías. Se siembra sandías y se cosecha sandías. Dios te bendecirá de la misma manera que tú bendices a otros; cuando das para el propósito de su reino, te conviertes en un canal a través del cual Dios puede manifestarse a otra vida.

La viuda de Sarepta sacrificó una comida, y Dios le dio comida para muchos días. Ayunó, renunció a algo tangible, y Dios le dio más bendiciones, todo «apretado, sacudido... desbordante». Su ayuno fue un sacrificio de comida, una de las necesidades más básicas y esenciales del cuerpo humano. Se estaba preparando para morir de inanición. Renunció a la necesidad de la carne porque tenía una mayor necesidad del Espíritu.

Dios promete satisfacer tus necesidades. Su Palabra está llena de promesas que aseguran que si pedimos, recibiremos. Pablo escribe: «Mi Dios, pues, suplirá todo lo que os falta conforme a sus riquezas en gloria en Cristo Jesús» (Fil. 4:19). No obstante, tales promesas siempre vinculan la provisión de Dios con nuestra obediencia, incluso nuestro sacrificio. Si eres egoísta y no quieres compartir las bondades de Dios en tu vida, Él te negará sus mayores bondades. Muchos de nosotros queremos de Dios lo que no estamos dispuestos a dar a otros. Si no estás dispuesto a ser de bendición, entonces Dios no está obligado a cumplir su promesa de bendecirte. Tales bendiciones están supeditadas a que tu corazón esté sujeto a la voluntad de Dios y a la agenda del reino.

La viuda de Sarepta accedió al poder de Dios a través de la oración, así como de la fe, la obediencia y el ayuno. Obviamente, creyó y habló con Dios, porque Él le dijo que vendría Elías. Cuando Elías la animó con la Palabra de Dios, ella complementó su creencia con la acción. De la misma manera, si oras y luego actúas, tú también verás la mano de Dios.

Tal vez hace días, meses o incluso años que estás orando por algo específico, pero no has recibido respuesta a tu oración. Te animo a seguir orando. Orar es como cebar una bomba para extraer agua. A veces tienes que bombear por un buen rato antes que salga agua. Tienes que dar antes de recibir. Cuando oras y ayunas, cuando te sacrificas obedientemente, Dios te dará incluso más de lo que diste para Él. Su Palabra nos promete eso.

Orar es como cebar una bomba para extraer agua. A veces tienes que bombear por un buen rato antes que salga agua.

La Biblia narra otra historia acerca de una viuda que hace un gran sacrificio en Lucas 21:1-4. La viuda le dio sus últimos centavos a Dios como una ofrenda. ¿Por qué no usó esos centavos para comprar pan o algo práctico para ayudarla a sobrevivir? Porque su razonamiento fue que Dios podría hacer más que ella con esos pocos centavos. Esos centavos le alcanzarían para comprar comida por un día o dos; pero al ofrendarlo para Dios, estaba invirtiendo en más de un día o dos. Estaba invirtiendo en todo su futuro.

Una y otra vez en las Escrituras, el principio de la obediencia, el sacrificio y el ayuno es claro. Si quieres algo de Dios, dáselo o sacrifica lo que quieres y cree que Él te lo devolverá. Cuando Dios te lo devuelva, se desbordará. Él hará mucho más de lo que piensas o imaginas (Ef. 3:20). Y al hacerlo, suplirá tus necesidades más grandes.

La motivación del ayuno

Según Isaías 58:4, el propósito del ayuno es «para que [nuestra] voz sea oída en lo alto». Cuando ayunamos con la motivación correcta, nuestra voz se escucha en el cielo. El ayuno no es solo algo más que incluyes en tu rutina. No te puedes privar de una comida o un programa de televisión y llamarlo ayuno. Bueno, podrías llamarlo ayuno, pero Dios no lo hará. La motivación debe acompañar a la acción.

La naturaleza del ayuno es tal que exige un esfuerzo concentrado e intencional para entrar en la presencia de Dios.

Piensa en el esfuerzo que hacemos para comer cuando tenemos hambre. La mayoría de nosotros se hace un tiempo donde no lo hay cuando es hora de la comida. ¿Por qué? Porque estamos desesperados por satisfacer nuestro apetito. Sin embargo, cuando ayunamos, estamos desesperados por satisfacer algo mucho más profundo: una necesidad espiritual. Estamos desesperados por hacer que nuestra voz se escuche en lo alto.

El Señor dice a través de Isaías: «¿Es ése el ayuno que yo escogí para que un día se humille el hombre?» (58:5, LBLA). Es una experiencia humillante decir que no a algo que deseas, inclinarte ante Dios y admitir que tienes una necesidad. El ayuno requiere humillación, y la humillación implica sacrificio.

Agudiza tu percepción espiritual

Algo único sucede cuando ayunamos. Dios agudiza nuestra percepción espiritual para que podamos ver las cosas con más claridad. Jesús ayunó durante cuarenta días antes de enfrentar al diablo (Mt. 4:1-11). Y cuando Satanás lo tentó a convertir las piedras en pan, Jesús dijo: «No sólo de pan vivirá el hombre, sino de toda palabra que sale de la boca de Dios» (v. 4).

En 1 Tesalonicenses 5:23, Pablo oró para que sus lectores fueran guardados irreprensibles en su «espíritu, alma y cuerpo». El orden que Pablo usa aquí es intencional. No estamos hechos de cuerpo, alma y espíritu; sino de espíritu, alma y cuerpo. Somos creados para vivir de adentro hacia fuera, no de afuera hacia dentro. Tal vez preguntes: «¿Por qué es tan importante el orden?». Porque si te ves como un cuerpo que alberga un alma y un espíritu, vivirás primero para tu cuerpo; pero si entiendes que, primero y principal, eres espíritu, vivirás para el espíritu.

Tu espíritu es la parte de ti que te permite comunicarte con Dios. Te da conciencia de Dios. Tu alma te permite comunicarte contigo mismo. Te da conciencia de ti mismo. Tu cuerpo te permite comunicarte con tu entorno. Te da conciencia de los demás.

Necesitamos vivir a partir de nuestro espíritu hacia nuestro cuerpo. La razón por la que tantas personas no tienen su cuerpo bajo control, es porque no tienen su alma bajo control. Y la razón por la que no tienen su alma bajo control, es porque su espíritu no está bajo el control del Espíritu Santo. Si realmente queremos vivir, el espíritu o la persona interior deben estar libres. Nuestro espíritu debe abrirse para liberar la vida del Espíritu, y el ayuno nos ayuda a hacer eso. Nos permite estar conectados con el reino.

Humillación y dependencia de Él

Con demasiada frecuencia, nuestro problema es que no estamos listos para que Dios obre en nuestro espíritu. Tomamos todo tipo de determinaciones y promesas, que en realidad son solo formas de decirle a Dios: «Puedo hacerlo por mí mismo»; pero si realmente pudiéramos hacerlo, ya lo hubiéramos hecho.

Lo que Dios quiere escucharnos decir es: «Señor, no puedo hacer esto. Intenté todo lo que sé y no puedo hacerlo. Señor, pongo mi incapacidad y mi ineptitud a tus pies».

Entonces, Dios dirá: «Ahora puedo hacer algo».

Como verás, cuando no nos humillamos ante Dios, lo que estamos haciendo es tratar de vivir la vida cristiana en nuestra propia capacidad. Recurrimos a nuestra carne para que nos ayude a vencer la carne, lo cual es una contradicción en sí misma. Lo que necesitamos es sacar la carne del medio, dejarla de lado para concentrarnos en el espíritu. El ayuno es una forma tangible de demostrarle a Dios que estamos dejando de lado la carne para ocuparnos del espíritu.

Más que eso, el ayuno es una forma de postrarnos ante Dios. En la Biblia, cuando las personas se quebrantaban ante el Señor, a menudo caían sobre su rostro. Se cubrían de ceniza la cabeza y se desgarraban la ropa como una forma de decir: «Señor, no puedo hacer nada. No tengo más fuerzas».

Dios quiere que lleguemos a ese punto para que Él pueda

mostrar su poder y recibir toda la gloria que se merece. El apóstol Santiago dice que si nos humillamos ante Dios, Él nos exaltará (Stg. 4:10). El ayuno nos conduce a la humillación.

La práctica del ayuno

¿Qué hace una persona que quiere practicar el ayuno?

Los detalles de un ayuno dependen de cada individuo. La duración y la naturaleza del ayuno deben ser una cuestión de convicción entre tú y Dios. David se puso cilicio como vestido durante un ayuno (Sal. 69:11). No solemos practicar las muestras externas del ayuno hoy día. De hecho, Jesús dijo que no mostremos a los demás que estamos ayunando (Mt. 6:16-18).

Humillación y oración

Sin embargo, hay algunos elementos comunes al ayuno que leemos en las Escrituras. Una es la actitud de humillación ante el Señor que acabamos de mencionar. Otro elemento común en esta práctica es combinar el ayuno con la oración. Lee la oración que David hizo durante su ayuno:

> Pero yo a ti oraba, oh Jehová, al tiempo de tu buena voluntad; oh Dios, por la abundancia de tu misericordia, por la verdad de tu salvación, escúchame. Sácame del lodo, y no sea yo sumergido; sea yo libertado de los que me aborrecen, y de lo profundo de las aguas. No me anegue la corriente de las aguas, ni me trague el abismo, ni el pozo cierre sobre mí su boca (Sal. 69:13-15).

David vino ante Dios en humillación, ayuno y oración.

Dios le dijo a su pueblo a través del profeta Joel: «Convertíos a mí con todo vuestro corazón, con ayuno y lloro y lamento. Rasgad vuestro corazón, y no vuestros vestidos» (Jl. 2:12-13a). El ayuno es un momento solemne delante de Dios.

Alabanza

No obstante, también es un momento de alabanza. Joel continuó diciendo: «Porque [el Señor] misericordioso es y clemente, tardo para la ira y grande en misericordia, y que se duele del castigo. ¿Quién sabe si volverá y se arrepentirá y dejará bendición tras de él…?» (vv. 13b-14). Luego el profeta dijo: «Proclamad ayuno» (v. 15).

La pregunta para el ayuno es: ¿Cuánto quieres una respuesta? ¿Cuánto quieres ser libre de una situación? ¿Lo quieres lo suficiente como para renunciar a la comida o a alguna otra gratificación? Entonces preséntate ante Dios en oración y alabanza, y ayuno.

Puede que quieras rendirte ante tus problemas y situaciones difíciles; pero si todavía no has ayunado por ello, no has hecho todo lo que está a tu alcance. Tienes una opción más: rendirte humillado ante la misericordia de Dios mientras renuncias a un valioso deseo de la carne por una mayor necesidad del espíritu.

La conclusión es que cuando ayunemos, recibiremos la atención exclusiva de Dios: «Entonces invocarás, y te oirá Jehová; clamarás, y dirá él: Heme aquí» (Is. 58:9).

Puedes decir: «Pero he estado clamando a Dios todo este tiempo». ¿Estás clamando a Él en ayuno? Recuerda que el ayuno hace que tu voz se escuche en lo alto (Is. 58:4). Dios quiere que lo tomemos en serio.

Ten en cuenta que una vez que comiences a ayunar y orar, Satanás y sus demonios se pondrán de acuerdo para oponerse a ti. Saben que hay poder en el ayuno. Saben que el ayuno es como un cohete que impulsa tu oración y te eleva a lugares celestiales para que accedas a la autoridad del reino. Querrán traerte de vuelta a la tierra; pero si continúas en ayuno y te rindes a la misericordia de Dios, Él te fortalecerá en los lugares celestiales.

A través del ayuno tienes acceso a las bendiciones de Dios y al poder y la autoridad del reino. El ayuno, junto a la oración, te ayudará a tocar el cielo para cambiar la tierra.

Capítulo 13

Alineación y permanencia

La mayoría de nosotros no conocemos a nadie mejor que a nuestra propia familia. Compartimos tristezas y alegrías, pasamos la mayor parte de nuestro tiempo con ellos y nos preocupamos por su bienestar por sobre el de cualquiera. Como tales, estos seres queridos a menudo son quienes nos animan cuando estamos deprimidos, y los amamos por ello.

Durante su permanencia en la tierra, Jesús pasó más tiempo con sus discípulos que con cualquier otra persona. Llegaron a conocer su voz, sus pensamientos, sus gestos, sus maneras, quizá incluso sus expresiones faciales distintivas. Cuando fue crucificado, quedaron tan desolados como pocos de nosotros podemos imaginar.

De modo que cuando se apareció a los dos en el camino a Emaús (Lc. 24:13-34), al principio Jesús impidió que lo reconocieran, para poder conocer su verdadero estado de ánimo y sus sentimientos acerca de su muerte. Sin embargo, como Lucas 24:29-31 señala, sus ojos se abrieron y entendieron todo, incluso quién era Él realmente *cuando partió el pan y se los dio*. Esta acción se asemeja mucho a lo que hizo en la Cena del Señor, cuando les enseñó y predijo lo que estaba por suceder. En la escena íntima de comer con el Maestro, estos dos discípulos supieron quién era y de inmediato se animaron.

Cuando la vida te hunde en el desaliento y las pruebas son insoportables, tu capacidad de sobreponerte depende de tu comunión íntima con Cristo y de permanecer en Él.

¿Pasas tiempo con Él, oras y lees sus palabras? Así como pasas tiempo con tu familia y compartes las alegrías y tristezas con ellos, ¿le entregas tus cargas a Cristo y compartes todas tus victorias con Él?

En resumen, ¿vives como si estuvieras *en* Él? ¿Permaneces en Él? La oración del reino eficaz depende por completo de tu relación constante con Jesucristo, como hemos visto anteriormente. Ahora bien, ¿qué significa exactamente permanecer en Jesús?

Permanecer en Jesús

Algunas definiciones

Jesús usa la palabra «permanecer» diez veces en los primeros diez versículos de Juan 15, cuando les dice a los discípulos «permaneced en mí». Entonces, parece que Dios realmente quiere que sepas cómo es permanecer en Él. Hemos mencionado el concepto de *permanecer* antes, pero aquí hay algunas definiciones simples: «Vivir o mantenerse en algún lugar»; «quedarse o continuar»; «esperar». Aquel que permanece en un lugar o con una persona a menudo «resiste sin rendirse».

La presencia de fruto

Muchos dicen que aman a Cristo y permanecen en Él, pero no vemos nada en ellos: ningún fruto. Las Escrituras dicen que si permanecemos en Cristo, daremos mucho fruto (Jn. 15:5). Si tu relación con Cristo es invisible para los demás, no hay mucha relación, porque el fruto siempre es visible.

La naturaleza del árbol definirá el fruto. Un naranjo produce naranjas, un manzano produce manzanas y un peral produce peras. Si estamos en Cristo, entonces lo que debería producir visiblemente nuestra vida es un reflejo de Dios, porque nuestro fruto asume su naturaleza. Y tan importante como es, si el fruto que producimos está podrido, entonces no estamos reflejando la naturaleza de Dios. Algo está mal. Algo está fuera de lugar.

Cuando Pablo escribe sobre este fruto en Colosenses 1:10, lo relaciona con conocer a Dios. Dice: «para que andéis como es digno del Señor, agradándole en todo, llevando fruto en toda buena obra, y creciendo en el conocimiento de Dios».

La palabra «conocimiento» en griego es *epignosis,* que significa conocimiento pleno o conocimiento por experiencia. No es solo conocimiento de información. *Epignosis* no significa haber memorizado algunos versículos de la Biblia o haber leído la Biblia. Por el contrario, *epignosis* tiene que ver con tener una experiencia. Hay una relación íntima y experiencial con Dios que produce fruto. De hecho, *debe* producir fruto para que sea realmente una relación con Dios.

El problema es que muchos de nosotros, como cristianos, queremos ir al cielo; pero no nos importa ser fructíferos aquí en la tierra. Sin embargo, lo que Dios quiere es que nuestra experiencia con Él produzca un fruto delicioso: el fruto del carácter y la conducta que contribuye y beneficia a los demás. El fruto de las oraciones del reino llenas de fe nace de una relación de reino.

Tan importante es el tema del fruto que prácticamente todo un capítulo de la Biblia está dedicado a hablar de él. Si leemos atentamente Juan 15, veremos el patrón. El versículo 1 dice: «Yo soy la vid verdadera, y mi Padre es el labrador». Jesús es la «vid verdadera». Cualquier otra cosa es una imitación barata. Luego continúa diciendo que Dios es «el labrador». El labrador cuida de la vid, lo que la hace más productiva.

En el versículo 2, Jesús se refiere a «todo pámpano». ¿Quién es «todo pámpano»? Somos los cristianos, tú y yo. Nosotros somos los pámpanos de los que Jesús está hablando. Entonces, hay una vid (Jesús) al cuidado de un labrador (Dios) y hay pámpanos que crecen de la vid (esa es toda persona que ha creído en Jesucristo y ha recibido el perdón de sus pecados y la dádiva de la vida eterna: tú y yo).

En cuanto a los pámpanos, Jesús explica: «Todo pámpano que en mí *no lleva fruto*, lo quitará; y todo aquel que lleva fruto, lo limpiará, para que lleve *más fruto*» (v. 2). Dios «quita» o corta los pámpanos que no dan fruto porque están muertos. Sin embargo, Él no solo deja que los pámpanos que están vivos crezcan como quieran; sino que los poda para que den más fruto.

En el versículo 5, Jesús agrega que «el que permanece en mí, y yo en él, éste lleva *mucho* fruto». El versículo 16 dice que Jesús nos destinó para ir y llevar fruto, y que nuestro fruto *permanezca*. Entonces, el fruto del que Jesús habla debe ser muy importante. Si no producimos fruto, nos cortará. Cuando Dios nos corta, damos *más* fruto. Y cuando permanecemos en Cristo, damos *mucho* fruto. Y a medida que permanecemos en Cristo, Él nos exhorta a ir y que nuestro fruto *permanezca*. Este fruto crece más grande y fuerte a medida que avanzamos.

Dios dice: «Quiero que dejes de no dar fruto y que des fruto, más fruto y mucho fruto». Tú dices: «Sí, Dios, pero ¿cómo hago? Quiero que mi fruto sea rico y vivaz, emocionante y significativo».

Puedo resumir esto en una palabra. Si entiendes esta palabra y actúas según esta sola palabra, comenzarás a sentir a Dios como nunca antes, y experimentarás un avivamiento en tu vida de oración como nunca antes. Entonces, ¿cuál es esa palabra? Es *permanecer. Debemos permanecer o mantenernos en Cristo.*

Si pensamos nuevamente en Juan 15, ¿quién debe permanecer? Es deber del pámpano permanecer en la vid para que los nutrientes fluyan hacia la rama y produzcan fruto. Y ya hemos aprendido que nosotros somos los pámpanos, conectados a la vid (Jesús) y al cuidado del labrador (Dios).

Aquí hay una ilustración de lo que significa permanecer: cuando una mujer está embarazada, el cordón umbilical conecta al bebé con la madre. El bebé recibe los nutrientes necesarios de su madre. La mamá come y el bebé se nutre. A medida que el bebé permanece en su madre, crece. Ahora bien, si hubiera una interrupción en la conexión entre la madre y el bebé, ¿qué pasaría? Bueno, ese bebé ya no podría obtener los nutrientes necesarios y no podría crecer. En el caso del bebé, permanecer es absolutamente necesario para la continuación de su crecimiento y madurez.

Mantente conectado durante todo el día

¿Qué dices de Jesús? ¿Permaneces en Él? Digamos que eres fiel en asistir a la iglesia todos los domingos. Vas a la iglesia para cantar sobre Jesús y oír un mensaje sobre Él. Puedes consultar la Biblia para ayudarte a entender el mensaje del pastor. Durante dos horas los domingos son tú y Jesús; pero luego de la bendición final, sales de la iglesia. ¡Se acabó la cita! Sí, puedes hacerle una visita rápida el miércoles por la noche, pero no estás permaneciendo en Dios; solo le estás haciendo una visita.

Al igual que el bebé en el vientre de su madre, necesitas estar conectado a Cristo en todo momento si deseas seguir creciendo y estar saludable. ¿Qué le pasaría a un bebé en el útero si él o ella decidieran permanecer solo de vez en cuando?

Jesús no quiere que nos desconectemos de Él. No quiere que solo le dediquemos un tiempo (aunque sea un buen momento) los domingos por la mañana, quizá una visita rápida el miércoles y unos minutos cuando nos despertamos todos los días. En cambio, quiere que permanezcamos en Él todo el día, cada día. Ahora bien, parte de esta integración es formal. De hecho, nos ponemos de rodillas y oramos o nos sentamos y leemos la Biblia; pero parte de nuestro tiempo con Dios el Padre y Dios el Hijo es informal. Dios quiere que lo incorporemos a la conversación, mientras caminamos o manejamos, mientras hablamos o pensamos.

Él quiere que preguntemos: «Dios, ¿qué piensas sobre esto antes de tomar una decisión?». Quiere que le pidamos que nos ayude en las pequeñas y grandes cosas. Quiere guiar tus pensamientos para que incluso sepas qué orar. Quiere saber de ti todo el tiempo, y la manera de hacerlo es estar en contacto con Dios en oración regularmente.

«Si, pues, coméis o bebéis, o hacéis otra cosa, hacedlo todo para la gloria de Dios» (1 Co. 10:31). Integra a Dios a cada momento de tu vida. Mantente conectado a Él. Muchos solo quieren una experiencia de microondas con Dios; en cambio, Él quiere que tengamos una experiencia de olla de cocción lenta. Esta actitud explica muchos de nuestros problemas y derrotas.

Con la experiencia de microondas, presionas el botón de adoración y ¡listo! «Tengo tantos minutos, Dios, así que enciende tu fuego en mí». En la iglesia nos entusiasmamos, gritamos y nos alegramos, ¡y parece que Dios está en todos lados! Sin embargo, todos sabemos algo sobre la comida de microondas. Se calienta muy rápido, pero también se enfría muy rápido. Así que puedes salir ardiente de la iglesia el domingo por la mañana, pero cuando llegas al estacionamiento y entras a tu auto o cuando abres la puerta de tu casa te habrás enfriado. Y sabes que te enfriaste porque no estás hablando allí como lo hacías dentro de la iglesia. Esa es una experiencia de microondas.

Dios está interesado en una experiencia de olla de cocción lenta. Ahora bien, esta olla cocina lento. Puedes dejar la olla durante todo el día o toda la noche y cuando vuelves a ver, la comida está bien cocida y caliente. Puedes servir esa comida y seguirá caliente hasta el último bocado. Eso es lo que Dios quiere para ti: una experiencia continua en un entorno encendido, que no se enfríe ni se desconecte. La oración del reino se intensifica cuando está conectada a una relación del reino.

Permanecer significa meditar

Otra palabra para permanecer es «meditar». Necesitamos seguir meditando en las cosas de Dios hasta que echen raíces y se vuelvan parte de nosotros mismos. La idea es introducir esa Palabra en tu corazón para que puedas empezar a cambiar. De repente te das cuenta de que estás cambiando. Te das cuenta de que no estás hablando como solías hablar; no actúas como solías actuar; no quieres las cosas que antes querías. Cambiaste. Tus oraciones cambiaron. Estás recibiendo respuestas. Y la razón es simple: has estado pasando tiempo con Dios. Eso es permanecer. Y eso lleva tiempo.

Los que mojan la bolsita de té y los que la dejan reposar

Esta es una buena ilustración para mostrar cómo es permanecer.

Hay dos tipos de bebedores de té: están los que mojan la bolsita de té y luego están los que la dejan reposar. Los primeros toman la bolsita de té y la colocan en su taza de agua caliente.

Luego toman el hilo de la bolsita y la bajan y suben, la bajan y suben. Pues bien, si eres uno de estos, haces mucho trabajo. Tienes que sumergirla y levantarla, sumergirla y levantarla una y otra vez. Y cuando el té está a tu gusto, agarras una cuchara, la colocas debajo de la bolsita de té y envuelves el hilo alrededor de la cuchara. Al final, exprimes la bolsita para sacar todo el té antes de comenzar a beber.

Sin embargo, hay otro tipo de bebedor de té. Esta persona coloca la bolsita de té en la taza de agua caliente y la deja reposar, la deja permanecer en el agua. No hace ningún trabajo. Soy un amante del té. Un día estaba bebiendo té con un amigo que es de los que mojan la bolsita de té. Me vio colocar la bolsita de té en el agua y comenzar a beber y me dijo: «Oh, nunca podría beberlo así». Le pregunté por qué y me dijo: «Si dejo que la bolsita de té permanezca en el agua, el té se volvería demasiado fuerte».

Muchos de nosotros somos como los que mojan la bolsita de té. Nos sumergimos el domingo por la mañana y luego nos volvemos a levantar. Es posible que volvamos a sumergirnos el miércoles, pero salimos del agua otra vez. Incluso podemos sumergirnos por la mañana y dedicar a Dios un versículo o una oración, pero luego salimos otra vez. Nuestro té es débil; pero Dios está diciendo: «Quiero que estemos juntos todo el tiempo, todos los días. Quiero ser tu compañero de carrera. Quiero que me incluyas en todas tus decisiones. Quiero que pienses en mí todo el día. ¿Por qué no me das gracias por tu automóvil mientras conduces? ¿Por qué no me expresas tu agradecimiento por la ropa que llevas puesta hoy? ¿Por qué no me preguntas dónde están las llaves del auto o si en este momento deberías jugar con tus hijos o cortar el césped? ¿Por qué no me haces participar de toda tu vida? Quiero que no me dejes ni por un momento, y luego podrás ver lo que produzco en tu vida, tu actitud, tu manera de pensar y tus hábitos».

Tómate tiempo para alinearte

El deseo de Pablo era que los cristianos pudieran «[ser] llenos del conocimiento de su voluntad en toda sabiduría e inteligencia espiritual» (Col 1:9). Tener el conocimiento de la voluntad de Dios en toda sabiduría e inteligencia espiritual te permitirá orar de acuerdo con la voluntad de Dios. Tus deseos se alinearán con la voluntad de Dios. Y eso viene al permanecer en Dios, pasar tiempo en la oración y las Escrituras para escuchar su voz. La oración eficaz que recibe respuesta depende de que estés alineado con Él.

Así como un automóvil necesita una correcta alineación para avanzar sin desviarse de su camino, también debemos estar espiritualmente alineados con Dios para recibir respuesta a nuestras oraciones. Las puertas permanecen cerradas cuando no estamos alineados. La alineación es uno de esos componentes espirituales decisivos que muchas personas parecen no comprender, y aún más, no practican. Sin embargo, eso puede abrir camino para la respuesta a la oración más rápido que cualquier otra cosa (Jn. 15:5).

Cuando los neumáticos de un automóvil no están alineados, puedes ver que tu automóvil se desvía hacia la izquierda o hacia la derecha. Los neumáticos desalineados te pueden causar dolor en las manos mientras intentas mantener el volante estable. Un problema diferente ocurre dentro de tu garaje cuando el sensor izquierdo y el derecho de tu puerta automática están desalineados. Si alguno de ellos está ligeramente fuera de línea, no se conectarán, y el haz de luz interrumpido, como si algún objeto estuviera en el camino, desactivará la puerta, y no podrás salir del garaje. Sin embargo, una vez que logras alinear ambos lados y el haz de luz se une, la puerta «averiada» vuelve a funcionar.

Una vez que las cosas están alineadas, todo marcha bien. Lo mismo sucede con la oración del reino. Jesús no tuvo que suplicar, rogar, saltar de arriba abajo, cantar canciones o hacer algo especial para levantar a un hombre de entre los muertos. Él solo dijo: «Lázaro, sal fuera». Del mismo modo, cuando repartió un par de hogazas de pan y algunos peces para alimentar a miles de personas, no agonizó en oración. Estaba alineado con el plan de Dios y eso fue suficiente para comenzar a repartir el almuerzo.

Recibir respuesta a la oración puede ser un proceso simple cuando estás alineado con Dios. Como dijo Cristo: «Si permanecéis en mí, y mis palabras permanecen en vosotros, pedid todo lo que queréis, y os será hecho» (Jn. 15:7). Realmente no se puede ser más directo y claro que eso. Permanece en Cristo y permite que sus palabras permanezcan en ti, y entonces todo lo que ores te será hecho.

Entonces, si quieres descubrir el poder de la oración concedida, debes saber que viene a través del proceso de permanecer en Cristo y que sus palabras permanezcan en ti. Viene a través del proceso de alinear tus pensamientos, creencias y deseos con los de Cristo.

Espera milagros

La división del Mar Rojo, la alimentación de miles de personas, la resurrección de los muertos; es impresionante contar los milagros de Dios. ¿Te fascinan como a mí estas historias sensacionales sobre el poder de Dios? Los milagros llaman nuestra atención porque queremos ver milagros en nuestra propia vida. ¡Los milagros nos dan esperanza de que Dios puede hacer lo imposible!

En este momento, me imagino que podrías pensar en uno, dos o incluso veinte milagros que te gustaría ver en tu vida. Todos queremos ver milagros. ¿Qué pasaría si, en un abrir y cerrar de ojos, Dios te quitara ese dolor crónico, borrara esa enorme deuda, restaurara esa relación resquebrajada o te diera el trabajo soñado?

Dios es lo suficientemente poderoso para hacer todo eso. Él tiene los recursos. Tiene la sabiduría. Tiene el poder. Y nos ama. ¿Por qué entonces no siempre hace milagros?

Te diré por qué: el Dios del Mar Rojo, de los panes y los peces, de la tumba y de cada problema en tu vida y la mía, interviene con su poder cuando es algo que está de acuerdo con su voluntad y es para los propósitos globales de su reino. Si quieres ver un milagro, tendrás que alinear tu corazón con el de Él. Después de todo, Dios no es una máquina expendedora. No podemos insertar nuestras oraciones, presionar un botón y recibir el milagro. Tampoco es un fisicoculturista que flexiona sus músculos milagrosos para impresionar a la multitud que lo observa. Tampoco Dios es un frasco de aspirina que medica nuestras enfermedades y dolencias.

Recuerda esto al orar: Dios es tan resuelto como poderoso. Detrás de cada milagro se encuentra un plan mayor. Desdichadamente, la mayoría de las veces, nuestras razones para querer un milagro no coinciden con sus razones para hacerlo. ¿Recuerdas a María, la madre de Jesús, y cómo quería que Jesús convirtiera el agua en vino? Finalmente, Él hizo el milagro, pero lo hizo de tal manera que no atrajo la atención inoportuna sobre sí mismo. La madre de Jesús estaba lista para que su único Hijo se exhibiera, pero Él no lo estaba. Así como nuestras razones y nuestros pensamientos no son siempre los mismos que los de Dios. Vemos las cosas desde nuestra perspectiva finita cuando

Dios lo hace desde una perspectiva ilimitada del reino, que todo lo sabe. Hay una gran diferencia entre las dos.

El Evangelio de Juan se distingue entre los cuatro Evangelios del Nuevo Testamento. Mateo, Marcos y Lucas cuentan muchas de las mismas historias y enseñanzas de Jesús. Sin embargo, Juan tiene una perspectiva muy diferente cuando cuenta la vida y el ministerio de Jesús. Al final del libro, Juan explica su propósito al relatar todo lo que incluyó en él. Leemos:

> Hizo además Jesús muchas otras señales en presencia de sus discípulos, las cuales no están escritas en este libro. Pero éstas se han escrito para que creáis que Jesús es el Cristo, el Hijo de Dios, y para que creyendo, tengáis vida en su nombre (Jn. 20:30-31).

La razón por la que Juan contó historias y relatos específicos de Cristo fue para despertar la fe en el corazón de los lectores. En el libro de Juan, el mismo apóstol incluyó siete milagros de Jesús:

(1) cambió el agua en vino (2:1-11);
(2) sanó al hijo del noble (4:46-53);
(3) sanó al hombre en el estanque de Betesda (5:1-9);
(4) alimentó a los cinco mil (6:4-13);
(5) caminó sobre el agua (6:16-21);
(6) sanó al ciego (9:1-12); y
(7) resucitó de los muertos (11:30-44).

Según Juan, cada milagro tenía un propósito específico. Jesús no alimentó a una multitud de personas solo porque tenían hambre. Jesús no sanó al ciego solo porque no podía ver. Jesús no caminó sobre el agua solo porque se encontraba allí. Cada vez que Jesús hizo algo sorprendente e inspirador era porque tenía un plan superior. Siempre tuvo un propósito del reino, del tamaño de Dios, cuando hizo algo sobrenatural.

Los milagros de Dios están reservados para sus propósitos grandiosos, y son mucho más que soluciones rápidas.

Ahora bien, veamos con esta perspectiva nuestras propias situaciones por las que oramos. Es fácil pensar que el dinero resolverá nuestros problemas. Un trabajo mejor, un esposo más amoroso, una esposa más solidaria, una cura para la enfermedad... y la lista podría seguir. Sin embargo, la escasez, el dolor y el sufrimiento a menudo son solo síntomas de problemas mucho más profundos. ¿Alguna vez conociste a alguien que ganó suficiente dinero para saldar sus deudas, pero en menos de un año volvió a enfrentar problemas financieros? Tal vez eres una de esas personas. O una pareja que es capaz de resolver una diferencia; pero en menos de un día están enfrentando otro desacuerdo.

Los problemas de la vida suelen ser síntomas de algo mucho más profundo. Tu deuda no es el problema. Tu jefe no es el problema. Tu cónyuge no es el problema. Tu enfermedad no es el problema. El milagro que Dios quiere hacer en tu vida a menudo es mucho más grande que un cheque, una persona o una píldora.

Cuando Él te visite con su poder, su obra milagrosa resolverá mucho más que tu auto averiado o tu hijo irrespetuoso. Cuando Él termine su milagro, los síntomas de tu problema ya no serán un problema. Estarás ocupado celebrando la transformación que Dios ha hecho en tu vida. Esto se debe a que Dios busca transformar, no solo resolver una situación. Porque si se limitara a resolver una situación, la raíz causante de la situación rápidamente manifestaría nuevos problemas relacionados con ella que necesitaría resolver una y otra vez.

Los milagros de Dios no solo están reservados para sus propósitos grandiosos, sino que también son mucho más que soluciones rápidas.

Sométete a los propósitos grandiosos de Dios

Sométete siempre

La única forma de ver a Dios hacer lo imposible en nuestra vida es primero someternos a ver cumplidos esos propósitos grandiosos, sean cuales sean. Para esto debemos alinear nuestros corazones y deseos con los suyos. Debemos orar conforme a su voluntad.

Por ejemplo, tal vez estás orando por un nuevo trabajo y tienes la vista puesta en uno en particular. Sin embargo, en lugar de continuar orando por ese trabajo en particular en esa empresa en particular, pídele a Dios que te lo dé si es su voluntad, pero principalmente pídele que ponga tu corazón en línea con su voluntad para ti.

Una forma de orar es decir: «Señor, te pido esto (una cosa en particular). Te ruego que hagas esto o algo mejor según tus propósitos más importantes». Cuando haces esto, abres la puerta para que Dios ponga tu mentalidad en línea con la suya y también le das permiso y libertad para abordar la raíz que ha causado que aquello por lo que estás orando esté a punto de ocurrir o sea un deseo en tu vida. Esta es la perspectiva del reino que debemos tener al orar.

Sométete incluso durante los tiempos difíciles

¿Te has preguntado alguna vez por qué Dios te permite atravesar tiempos difíciles?

¿Alguna vez le preguntaste por qué no interviene y hace lo que sabes que puede hacer?

¿Alguna vez estuviste enojado con Él por no cuidar mejor de ti?

Si la respuesta a cualquiera de esas preguntas es «sí», debes saber que Dios puede hacer algo en esos tiempos difíciles; pero a menudo esperará hasta que tu corazón, tu mente y tu espíritu estén alineados con sus planes. Revisa tu lista de oración y luego examina tu corazón. ¿Estás pidiendo una aspirina y te niegas a permitir que Dios te haga una radiografía? ¿Qué te estás negando a entregarle? ¿Le estás pidiendo por un hombre o una mujer en particular para casarte, en lugar de pedirle el hombre o la mujer que Él ha elegido para ti? ¿Estás listo para que Él cumpla sus propósitos perfectos e integrales en tu vida o solo estarás satisfecho si hace lo que tú quieres?

Las dificultades y los conflictos son imposibles de evitar. Nunca conocí a un ser humano que viva sin ellos. Es natural para nosotros acudir en oración a nuestro Padre celestial, que es fuerte y poderoso, cuando la vida es demasiado difícil de sobrellevar. Sin embargo, antes de desilusionarte por cómo responde Él a tus oraciones, necesitas conocer su carácter, sus propósitos y su voluntad. Sí, Dios siempre puede manifestarse. Un milagro te aguarda, aunque puede que no se parezca a lo que esperabas. Ruega por un milagro. Espéralo, pero solo debes saber que el camino hacia lo sobrenatural siempre implica permanecer en Cristo y en sus palabras hasta que tu corazón lata al mismo ritmo que el suyo.

Los milagros del tamaño de Dios jamás resuelven solo los síntomas; sino que transforman a la persona completa. En medio de tus dificultades o tus oraciones sin respuesta, considera de nuevo qué clase de milagro estás esperando que Dios haga. Pregúntate si tu propósito coincide con el suyo y haz que tus expectativas se alineen con las suyas. ¿Tus deseos reflejan los suyos? Cuando las respuestas a estas preguntas es «sí», tus oraciones del reino podrán mucho (Stg. 5:16).

Capítulo 14

La pureza del propósito

Todos tenemos un neumático de repuesto en nuestro automóvil. Está allí por si acaso el neumático regular se pincha o se desinfla. Casi nunca pensamos en ese neumático de repuesto; pero cuando algo sale mal, paramos el automóvil, vamos hasta la cajuela del auto, agarramos el neumático de repuesto y salimos de esa mala situación.

Para la mayoría de nosotros, la oración es como ese neumático de repuesto. Está allí por las dudas. Es fácil olvidarnos de la oración hasta que realmente tenemos que salir de un aprieto. Muchos hemos dejado de orar porque, aunque debemos hacerlo, parece no funcionar. No pasa nada. O, al menos, nada sucede de inmediato o de la manera que queremos que suceda. Y entonces pateamos nuestras creencias como pateamos enojados un neumático desinflado. Y nos alejamos de la oración, del mismo modo que a veces no podemos cambiar el neumático pinchado y decidimos llamar a alguien que lo reemplace.

Sin embargo, la oración del reino no es un tipo de ejercicio casual y rutinario que haces antes de comer o cuando algo sale mal. Es el mecanismo que Dios ha creado y diseñado para traer la participación activa del cielo a la tierra.

La oración del reino: Acceso al Soberano

Su voluntad, nuestros planes

La oración del reino es el pasaporte para tener acceso a una tierra extranjera y al Soberano de esa tierra. Es nuestro acceso a todo lo que Dios tiene reservado para nosotros. Como escribió el apóstol Juan: «Y esta es la confianza que tenemos en él, que si pedimos alguna cosa conforme a su voluntad, él nos oye. Y si sabemos que él nos oye en cualquiera cosa que pidamos, sabemos que tenemos las peticiones que le hayamos hecho» (1 Jn. 5:14-15).

Dios te concederá todo lo que pidas, con una condición, que se encuentra en este versículo: «Si pedimos alguna cosa conforme a su voluntad, él nos oye». Dios dice que cuando le pedimos «conforme a su voluntad», Él nos oye. No podemos pedir o reclamar cualquier cosa que se nos ocurra. Debemos buscar lo que Dios quiere para nosotros. Debemos orar por lo que está de acuerdo con su voluntad. Cada oración o petición que hagas conforme a su voluntad se hará realidad en la tierra. Sin embargo, muy pocos oran con ese entendimiento o con ese nivel de rendición.

Ten en cuenta que orar conforme a la voluntad de Dios significa renunciar a tus propios planes.

Un día, los discípulos le hicieron a Jesús un pedido muy revelador. Le pidieron que les enseñara a orar. Su petición es significativa. No le pidieron que les enseñara a predicar, a pesar de ser el mejor predicador que jamás haya existido. Tampoco le pidieron que les explicara cómo enseñar, a pesar de estar con el mejor maestro de su época. Ni siquiera le pidieron que les enseñara a sanar. Entonces, ¿por qué le pidieron a Jesús que les enseñara a orar? Tal vez porque vieron que cuando Jesús oraba, Dios nunca lo rechazaba. Cada vez que le pedía algo al Padre, recibía una respuesta positiva. Eran testigos de la autoridad del reino en cada oración de Jesús.

Los discípulos veían la oración de una manera que no solemos ver: como un mecanismo de intercambio entre el cielo y la tierra. Observaban la comunión de una conexión íntima entre lo físico y lo espiritual. Si viéramos la oración como Cristo la puso en práctica mientras estuvo en la tierra, nuestra vida de oración sería el aspecto más importante de quienes somos, en lugar de ser nuestro último recurso.

Cristo repite esto varias veces en las Escrituras:

> Y todo lo que pidiereis al Padre en mi nombre, lo haré, para que el Padre sea glorificado en el Hijo (Jn. 14:13).

> No me elegisteis vosotros a mí, sino que yo os elegí a vosotros, y os he puesto para que vayáis y llevéis fruto, y vuestro fruto permanezca; para que todo lo que pidiereis al Padre en mi nombre, él os lo dé (Jn. 15:16).

> En aquel día no me preguntaréis nada. De cierto, de cierto os digo, que todo cuanto pidiereis al Padre en mi nombre, os lo dará (Jn. 16:23).

¿Descubriste cuál es la frase que se repite en cada declaración de Cristo? Jesús nos revela uno de los secretos de la respuesta a la oración, y es pedir en su nombre. Si queremos recibir una respuesta del Padre, debemos pedir en el nombre del Hijo.

La autoridad del nombre de Jesús

Entonces, ¿qué encierra un nombre? Tanto en tiempos de la Biblia como en la actualidad, un nombre representa la identidad y la autoridad de la persona que lleva ese nombre. Para usar el nombre correctamente, debes usarlo de manera legítima. Por ejemplo, cuando alguien emite un «poder», le está dando a otra persona el derecho de usar su nombre. Eso significa que independientemente de la autoridad que conlleve su nombre, el poder ahora tiene exactamente la misma autoridad para tomar decisiones o ejecutar cosas.

La muerte, sepultura y resurrección de Jesús dieron a cada uno de los que creen en su nombre para salvación el derecho de usar ese nombre como un poder legal, de la misma manera que Él lo hacía con el Padre. Lo que significa que todo lo que concuerde con la voluntad de Dios será concedido en el nombre de Jesús. Cualquier cosa. Incluso lo que parece imposible.

Echa un vistazo a lo que sucedió cuando Lázaro murió. Ya hemos hablado de este pasaje en otro capítulo, pero por el principio que nos enseña con respecto al nombre de Jesús, volvamos a verlo aquí.

Marta (hermana de Lázaro y amiga de Jesús) salió al encuentro de Jesús mientras iba de camino a su hogar y a la tumba. Le dijo a Jesús que Lázaro estaba muerto. Jesús respondió que solo dormía, pero Marta no lo aceptó porque lo había visto morir. Había ayudado a preparar su cuerpo para la sepultura. Marta le dijo a Jesús que estaba equivocado; Lázaro estaba muerto.

Al ver que no estaba entendiendo hacia dónde iba la conversación, Jesús usó otra estrategia para decirle a Marta que Lázaro resucitaría. Sin embargo, seguía sin comprender y le explicaba que ya sabía que volvería a levantarse de los muertos en el día postrero cuando todos resucitaran.

La autoridad de Jesús sobre la muerte

Fue entonces cuando Jesús reveló algo que no solía revelar, algo profundo acerca de su propio carácter y poder. Le dijo:

«Yo soy la resurrección y la vida; el que cree en mí, aunque esté muerto, vivirá» (Jn. 11:25).

Marta puede haber conocido la Biblia. Puede haber conocido su teología; pero aún no estaba familiarizada con este aspecto de Cristo. Jesús le dijo que Él es *la* resurrección; que Él tiene autoridad sobre la muerte.

Eso lo cambiaba todo.

Cuando descubres quién es Jesús, cambia la manera de ver las cosas. Lo mismo vale para ti. Tal vez estés enfrentando un problema en este momento y pienses que es algo que está muerto. Quizá sea una relación matrimonial o un sueño profesional. Tal vez sea una amistad, tus finanzas, tu salud o incluso tu esperanza. Sea lo que sea, cuando llegues a conocer la sustancia de Aquel a quien oras, que Él mismo es la resurrección de todas las cosas muertas, orarás de otra manera. Orarás con fe, orarás con la esperanza de que Dios puede cambiar las cosas. Conocer su nombre cambia la naturaleza de las cosas. Cambia la perspectiva de las cosas. Cambia la manera de orar.

Déjame explicarlo de esta manera. El nombre de Jesús te otorga autoridad legal para hacer negocios en el cielo a favor de la tierra. Su nombre te da autoridad legal. La oración del reino es ese punto de conexión entre acceder a los derechos que Cristo ha reservado para ti en el cielo y hacerlos efectivos en tu vida en la tierra.

Conocer su nombre cambia la naturaleza de las cosas, la perspectiva de las cosas, la manera de orar.

En tu casa y en la mía, la electricidad es una energía [poder] invisible, que nos otorga privilegios visibles. Encender las luces, poner en funcionamiento la tostadora, calentar el horno y demás cosas; pero ninguna de esas cosas funciona por sí misma. Ninguna funciona solo al conectarla a un enchufe; sino cuando accionas el interruptor. Enciende el interruptor y accederás a la electricidad. Debes hacer una conexión antes de poder obtener energía.

Cada cristiano tenemos cosas que pueden funcionar en nuestra vida para darnos más poder, productividad, paz, bienestar, alegría y más. Tú también tienes esas cosas; pero debes encender el interruptor. La oración es el interruptor que te da acceso a la autoridad del nombre de Jesús. La oración en el nombre de Cristo enciende el poder para que puedas ver la mano de Dios obrar en tu vida, mover obstáculos y hacer cosas que son imposibles sin Él.

Acceso denegado: Oraciones hechas fuera de la voluntad de Dios

En función de esta verdad, entonces ¿por qué muchas de nuestras oraciones no reciben respuesta? Porque no pedimos lo que Dios pide. No pedimos que se haga su voluntad. No solo no la pedimos, sino que muchas veces ni siquiera la reconocemos o la queremos. Esto se debe a que estamos demasiado aferrados a nuestros propios deseos y nuestra sabiduría mundana para rendirnos a la voluntad de Dios. Dios promete darnos todo lo que le pidamos conforme a su voluntad. Entonces, la clave para recibir respuesta a la oración es alinear nuestras peticiones de acuerdo con la voluntad de Dios.

Fuentes de la voluntad de Dios: la Biblia

Eso nos lleva a la siguiente pregunta: ¿dónde puedes ir para conocer la voluntad de Dios? Puedes ir a dos fuentes para conocer la voluntad de Dios. Ante todo, Dios ha puesto su voluntad revelada a nuestro alcance y a la vista de todos en su Palabra. La Biblia es la voluntad expresa de Dios en forma escrita. Te dice lo que Él quiere, desde un punto de vista universal. Dios nunca contradirá en tu vida lo que escribió en su Palabra. Lo que está escrito se estableció en el cielo. Es la verdad eterna. Por lo tanto, siempre debes encuadrar tu mentalidad y tus peticiones en el marco de la sabiduría de la Palabra de Dios. Una mentalidad de reino debe inspirar la oración del reino.

Demasiados cristianos oran por cosas que la voluntad revelada de Dios ya dejó en claro que Él no va a dar. Cuando es así, no importa cuánto tiempo ores, ayunes o esperes, la oración no obtendrá lo que tú deseas. Recuerda que la oración eficaz está basada en la voluntad de Dios. Si lo que estás orando y pidiendo va en contra de la voluntad revelada de Dios, Él no va a contradecir su Palabra, sus valores, su carácter y su verdad para dártelo.

Fuentes de la voluntad de Dios: el Espíritu Santo

Dios habla mucho de su voluntad en su Palabra. Sin embargo, no nos dice cosas específicas, como por ejemplo si debes aceptar este trabajo o aquel otro. No te dice si deberías salir con esta persona o con aquella otra. Ninguna de esa clase de cosas está en la Biblia. Hay momentos de nuestra vida diaria cuando la voluntad revelada de Dios en las Escrituras no cubre los detalles que necesitamos para tomar una decisión o para orar conforme a su voluntad. Ahí es donde entra en juego el papel del Espíritu Santo. Él está allí para ser un testigo de la Palabra escrita en tu vida diaria. Su función es aplicarla a tus circunstancias, que podría ser diferente de cómo la aplica a las circunstancias de otra persona. El papel del Espíritu Santo es darte discernimiento sobre cómo integrar la verdad de la Palabra de Dios a tus decisiones diarias.

Es como un resaltador. Ya sabes, así como usas un resaltador cuando estás leyendo algo que te habló y no quieres olvidarlo nunca. Resaltas las palabras con un marcador de color para que en algún momento en el futuro puedas verlas fácilmente y recordar su verdad. El Espíritu Santo actúa como un resaltador para aplicar la Palabra de Dios a tus situaciones diarias. ¿Cómo lo hace? Mediante tu relación con Él.

Desdichadamente, nuestra relación con el Espíritu Santo a menudo es uno de los aspectos más desaprovechados de la Deidad. Y sin embargo, el Espíritu Santo es nuestro guía, maestro, director y mucho más. El Espíritu Santo abre los ojos de nuestro corazón, nuestra alma, nuestra mente y nuestro espíritu para que veamos lo que Dios está haciendo, pensando, deseando y buscando para nosotros. El Espíritu Santo personaliza la voluntad revelada de Dios en las pequeñeces de nuestra vida.

Tiempo con el Padre

Tal como señalamos en capítulos anteriores, Jesús pasaba mucho tiempo con su Padre. Este se refiere a esta cercanía con el Padre cuando sana al paralítico sentado junto al estanque de aguas salutíferas de Betesda. Al final de su conversación, Jesús le dice que se levante, que tome su lecho y que camine. Después de estar paralizado durante treinta y ocho años, el hombre hace exactamente lo que le pidió. Sin embargo, dado que la sanidad ocurre en el día de reposo, los fariseos que observan criticaron a Jesús. Su respuesta es muy reveladora: «De cierto, de cierto os digo: No puede el Hijo hacer nada por sí mismo, sino lo que ve hacer al Padre; porque todo lo que el Padre hace, también lo hace el Hijo igualmente. Porque el Padre ama al Hijo, y le muestra todas las cosas que él hace; y mayores obras que estas le mostrará, de modo que vosotros os maravilléis» (Jn. 5:19-20).

Jesús ofreció una visión muy reveladora sobre la oración y la intimidad con Dios en su respuesta. Reveló a los judíos, así como a todos los que leen esta historia en las Escrituras, que sanó al hombre porque vio que el Padre hacía lo mismo. En otras palabras, en el tiempo que Cristo pasaba con el Padre —ya sea en medio de la noche, al despertarse o mientras caminaba hacia algún lugar—, mientras permanecía en Dios, veía lo que el Padre estaba haciendo. Jesús manifestaba en la tierra lo que veía al Padre hacer en la eternidad.

La oración es acceder al corazón y al Espíritu de Dios mismo para ver dónde está obrando, qué está haciendo, qué está buscando. Cuanto más conozcamos la voluntad de Dios, más oraremos conforme a ella. Y más respuestas recibiremos. Inmediatamente.

La oración del reino no es sentarse a pedirle a Dios que bendiga cada cosa de tu lista, así como tu trabajo. Eso es bueno y puedes hacerlo en unos minutos, pero esa no es la esencia de la oración. La esencia de la oración del reino es estar en la presencia de Dios para que Él te muestre lo que está haciendo y puedas obtener eso en la tierra.

Lo que Jesús reveló en el estanque de Betesda es que el tiempo que había pasado con Dios más temprano ese día y las semanas anteriores permitió que ese milagro ocurriera en un instante. Pasaba una hora con Dios, por eso solo necesitaba un minuto para tener influencia en las personas. Demasiados de nosotros pasamos un minuto con Dios y luego pasamos años con las personas sin tener mucho o nada de influencia en ellas. Esto se debe a que nunca nos tomamos el tiempo suficiente para averiguar lo que Dios está haciendo. Vivimos al tanteo, por prueba y error, principalmente, error. Y perdemos el tiempo.

Mi amigo Henry Blackaby, autor del excelente libro *Mi*

experiencia con Dios, es un magnífico ejemplo de alguien que pasa tiempo con Dios para conocer sus planes. Una vez le pregunté cuál era su secreto. Las cosas fenomenales parecen ser algo común y corriente en la vida de este hombre, y le pregunté por qué eran tan habituales en su vida. Henry me dijo que realmente no era tan complicado. «Me levanto a las cuatro de la mañana y paso tres horas ininterrumpidas con Dios». O lee su Palabra, medita en Él, lo alaba o bien permanece en su presencia. De esa manera, permite que el Espíritu Santo entrecruce los pensamientos divinos de Dios con su mente humana.

Dios habla directamente a través de las Escrituras

Demasiados de nosotros hemos perdido veinte años de nuestra vida porque nunca nos hemos tomado quince minutos o una hora al día para detenernos a escuchar y buscar a Dios para saber lo que está haciendo. Oramos, pero nuestras oraciones se basan en nada más que caprichos y deseos. Los caprichos y deseos solo conducen a una vida desperdiciada porque no están enraizados en la sustancia de las intenciones de Dios. Jesús hacía la voluntad del Padre basado en la voluntad revelada, así como también en lo que veía hacer al Padre en el tiempo que pasaba con Él.

Por lo general, siempre tendrás dos formas de confirmar la voluntad de Dios en tu vida. Su Palabra guía y dirige mientras su Espíritu especifica lo que está haciendo con y a través de ti. Y a veces Dios te habla por medio de ciertos pasajes de las Escrituras como una palabra *rhema* para ti en ese momento. Una palabra *rhema* es la que escuchas cuando el Espíritu de Dios te habla directamente. Su Palabra escrita se llama el *lógos*, es la verdad de Dios impresa. Sin embargo, cuando el Espíritu Santo te habla específicamente con las Escrituras en referencia a alguna situación de tu vida, se convierte en una palabra *rhema*.

La oración del reino y el juego de la espera

Amigo, tu vida entera puede transformarse mediante la oración del reino. La oración en el nombre de Cristo conforme a la voluntad de Dios siempre recibirá respuesta. Siempre tendrá resultados. Ahora bien, los resultados pueden no ser inmediatos, pero llegarán. Esto es algo que nos hace tropezar a muchos de nosotros. El juego de la espera. Sabes que eres salvo y algún día irás al cielo, pero es una cuestión de tiempo para que eso ocurra. No irás al cielo ahora, aunque esa verdad es una realidad.

De hecho, la oración puede incluir el juego de la espera. A menudo Dios te declara y confirma su respuesta a tu oración de una manera que realmente crees que sucederá, pero no sabes cuándo. Esto se debe a que hay una brecha entre la respuesta y la realización. Casi siempre hay una brecha. El motivo es tu necesidad de preparación. Dios te está preparando para recibir la respuesta o está preparando la respuesta para ti... o ambas cosas. Se está preparando para proceder al cumplimiento, pero siempre debe ser en el momento oportuno.

A pesar de que Dios le dijo a Abraham que iba a darle un hijo, hubo una brecha antes que llegara el hijo. Y aunque Dios dijo a la nación de Israel que los llevaría a la tierra prometida, hubo un extenso lapso de tiempo. Y no te olvides de José. Dios le mostró a través de un sueño que sus hermanos se inclinarían ante él, pero pasaron casi dos décadas hasta que eso ocurrió. En cada uno de estos ejemplos, y en muchos más a lo largo de la Biblia, los procedimientos en realidad interfirieron y retrasaron el tiempo de Dios. Abraham y Sara trataron de tener el hijo prometido a través de Agar en vez de permitir que Dios abriera el útero de Sara, y pasaron catorce años antes que Abraham tuviera con Sara a su hijo prometido, Isaac (Gn. 16:16; 21:5). El viaje de Israel a la tierra prometida debería haber tomado solo unos pocos días, pero terminaron siendo cuarenta años porque no permitieron que Dios los preparara para la respuesta que Él les había prometido.

En una ocasión, hablé con una mujer soltera que me dijo que sabía que Dios tenía un marido para ella. Con una mirada convincente en sus ojos, dijo: «Pastor, solo sé que lo sé. Dios me lo ha confirmado».

Entonces le pregunté: «¿Cómo te estás preparando para que cuando aparezca ese hombre estés lista para ser una mujer virtuosa?». Me miró en blanco. Nunca le había cruzado por la cabeza ese pensamiento. Aunque la verdad es que ese pensamiento casi nunca nos cruza por la cabeza cuando oramos. Por el contrario, esperamos recibir la respuesta a nuestras oraciones sin tener en cuenta nuestra responsabilidad en el proceso de preparación para ese momento. Demasiados de nosotros demoramos la respuesta a nuestras oraciones porque no vinculamos la respuesta a la oración con la debida preparación. Ese trabajo por el que podrías estar orando; si lo consiguieras antes de estar listo para cumplirlo, podrías perderlo o no maximizarlo. Lo mismo con una pareja. O tal vez Dios está preparando a la otra persona o las circunstancias de tal manera que estén listas para ti. Recuerda siempre que Dios tiene un propósito para la respuesta a la oración. Dios no tiene ningún compromiso más que consigo mismo y con sus propósitos.

En función de esta verdad, es fundamental reconocer que nuestros pensamientos, nuestra paciencia y nuestro desarrollo deben concordar con los propósitos de Dios para nuestras oraciones. Si hay una demora, busca al Señor para saber la causa de esa demora. Tal vez primero tengas que tratar con un área de tu vida. Si eres una persona soltera que espera una pareja, quizá Dios quiera enseñarte primero responsabilidad personal.

O tal vez quiere que primero tengas tus finanzas en regla o cualquier otra cosa. La respuesta a tu oración no siempre tiene que ver directamente con la respuesta a tu oración o a tu situación. Muchas veces tiene que ver con todas las partes y situaciones implicadas, que necesitan prepararse para esa respuesta. Permite que tus oraciones te guíen de tal manera que crezcas y madures en tu desarrollo espiritual, emocional y físico. Cuando esperes pacientemente, comenzarás a ver que las cosas suceden cuando Dios conecta el propósito de su reino con tus oraciones del reino.

Capítulo 15

Gracia y gratitud

Ir a la universidad y al seminario cuando estás casado y con hijos puede afectar las finanzas de cualquier persona. Y nuestra familia no ha sido la excepción. Durante años, mi esposa Lois tuvo que hacer milagros con nuestro dinero y estirarlo al máximo para poder alimentar y vestir a nuestros hijos. Sin embargo, una mañana en particular cuando Lois y yo tomábamos el desayuno, ella estaba muy desanimada.

«Tony, ya no puedo seguir haciendo esto —dijo—. Es muy difícil».

Hablamos de la tensión que implicaba vivir con un presupuesto tan limitado y cuatro hijos. Sabía que ella quería apoyarme y creía en el llamado de Dios en mi vida, pero podía ver que había llegado a un punto en que la carga era demasiado pesada.

Yo también estaba convencido de mi llamado y creía que Dios supliría nuestras necesidades si Él me había encomendado hacer algo. Escuchar a mi esposa decirme que ya no podía seguir así fue confuso; me llevó a preguntarme cómo Dios podía dejar que las cosas llegaran a este punto. ¿Acaso no había dicho que supliría nuestras necesidades?

Así que dado que sabía que mi principal responsabilidad ante Dios como hombre era satisfacer primero las necesidades emocionales, físicas y espirituales de mi familia, abandonaría el seminario y buscaría un trabajo de tiempo completo. Le conté a Lois mi plan.

Luego le hice una pregunta: ¿Cuánto dinero necesitarías recibir hoy para apoyar mi continuación en el seminario y no abandonarlo? Le pedí una cifra, una cantidad específica.

Lo pensó un momento y finalmente dijo: «500 dólares».

Ten en cuenta que era la década de 1970, cuando 500 dólares era mucho dinero. A menos que recibiéramos 500 dólares ese mismo día, tendría que abandonar el seminario.

Así que, ¿adivina lo que hice? Es mejor que lo creas: oré.

Creía que Dios me había llamado a prepararme para el ministerio, y que Él me había conducido a ese seminario. Estaba convencido de que debía continuar, pero también me había llamado a ser un esposo que cuidara de su mujer. Lois dijo que necesitaba 500 dólares ese día para sentirse segura de seguir apoyando mi permanencia en el seminario.

En ese momento, lo único que tenía era la oración. Entonces eso es lo que hice: orar.

¿Mi último día de clases?

Al llegar al campus del seminario en lo que parecía ser mi último día de clases, decidí no contarle a nadie sobre mi conversación con Lois. Había hablado con Dios. Había orado. Eso era suficiente.

Después de asistir a clases, fui a mi casilla de correo para buscar mi correspondencia. Cuando la abrí, vi algo que parecía dinero.

Allí, dentro de mi casilla, había cinco billetes de 100 dólares cada uno adjuntos a una nota de un desconocido. No sabía nada de él, pero al parecer él sabía de mí, y su nota decía que Dios le había dicho que me diera ese dinero hoy.

Era exactamente la cantidad que Lois me había dicho que necesitaba… y la cantidad que le pedí a Dios que me diera. Esta es una ilustración literal de lo que Jesús nos ha enseñado a orar en el padrenuestro: «El pan nuestro de cada día, dánoslo hoy» (Mt. 6:11). Ese día, el «pan nuestro de cada día» eran 500 dólares. Y Dios nos dio exactamente eso. No había ido por ahí buscando dinero ni pidiéndole a la gente: solo se lo pedí a Dios. Y Él me lo dio.

La fuente correcta de nuestra provisión

Una razón por la que debemos pedirle a nuestro Padre celestial el alimento y lo que necesitamos cada día es que no queremos que nos alimente la persona equivocada. ¿Sabías que el diablo tiene un programa de alimentos? Tiene uno, y se lo ofreció a Jesús cuando lo tentó en el desierto (Mt. 4:3) justo antes que Él predicara el Sermón del monte.

Satanás lo tentó a convertir las piedras en pan, pero Jesús se negó porque el pan hubiera venido de la fuente incorrecta. Es más importante de dónde viene tu pan diario, que si tienes suficiente pan.

Cuando los israelitas estaban listos para entrar en Canaán, Dios les advirtió: «Cuídate de no olvidarte de Jehová tu Dios» (Dt. 8:11).

Por qué olvidamos la fuente de nuestra provisión

¿Por qué estaban los israelitas en peligro de olvidar a Dios? Porque iban a una buena tierra, y si no tenían cuidado, se olvidarían de que Dios se las había dado y comenzarían a decir: «Mi poder y la fuerza de mi mano me han traído esta riqueza» (v. 17).

Podemos hacer lo mismo. Podemos recordarlo cuando estamos en un apartamento o viviendo dólar por dólar, pero es más fácil olvidarnos de Dios cuando las cosas comienzan a ir bien y entonces decimos: «Espera un minuto. Yo soy el que se gana la vida aquí. Levanté esta empresa con mis propias manos. Yo soy el que hace los mejores negocios. Me he ganado todo lo que tengo por mi propio trabajo y mi dedicación».

Dios tiene un remedio para ese tipo de amnesia espiritual cuando nos insta a recordar, al fin y al cabo, de dónde proviene tu éxito: «Sino acuérdate de Jehová tu Dios, porque él te da el poder para hacer las riquezas» (v. 18).

Pedirle a Dios por el pan de cada día, la bendición, el favor y la gracia en tu vida es un excelente recordatorio de quién es realmente el que suple tus necesidades. Jesús usó el pan en el ejemplo del padrenuestro para representar todas nuestras necesidades físicas. Estaba diciendo que si nos ocupamos de las prioridades e intereses de Dios, no tendremos que preocuparnos por nuestro pan. Si estamos sirviendo al reino de Dios, el Rey suplirá nuestras necesidades.

Sin embargo, lo que muchas veces hacemos es dejar que nuestras necesidades físicas sean más importantes que nuestras prioridades espirituales, y terminamos mal en ambas cosas. Cuando haces que el pan (la vida física) sea un fin en sí mismo, entonces tu única preocupación es: «¿Cuándo comemos?». No te importa demasiado quién te dio el pan.

Acuérdate de la provisión de Dios y recibe su bendición

El ejemplo de Jesús en el desierto nos enseña que Dios es más importante que nuestra satisfacción física. Cuando encontramos nuestra satisfacción y sustento en Él, entonces aparece la promesa de Filipenses 4:19: «Mi Dios, pues, suplirá todo lo que os falta conforme a sus riquezas en gloria en Cristo Jesús».

Observa que Pablo dijo «conforme», no «desacorde». Una persona rica podría darte un dólar miserable de sus riquezas, pero si te diera un regalo conforme a sus riquezas o de acuerdo a ellas, sería algo muy especial.

Dios ha prometido suplir nuestras necesidades cuando buscamos primero el reino de Dios y su justicia.

Recientemente, hablé con un empresario que estaba tratando de cerrar un negocio de un millón de dólares. Quería que orara por él sobre ese negocio. Le dije: «Antes de orar, déjame hacerte una pregunta. Si este acuerdo se concreta, ¿viene de Dios?».

Empezó a rascarse la cabeza y frotarse los ojos porque no había pensado en eso antes. Como verás, cuando empiezas a orar: «Dame», y Dios no es parte del asunto, estás orando al revés.

Cuando Dios no suple nuestras necesidades

Dios ha prometido suplir nuestras necesidades cuando busca-mos primero el reino de Dios y su justicia (ver Mt. 6:33). Sin embargo, hay ocasiones cuando podría no hacerlo. Pienso en dos situaciones.

La primera tiene que ver con la conversación que tuve con ese hombre de negocios. Es decir, Dios puede no satisfacer nuestras necesidades debido a nuestra carnalidad. Al igual que el hijo pródigo, podemos estar en un país lejano y comer con los cerdos cuando Dios suple en abundancia las necesidades de todos en la casa del Padre. Cuando nos levantemos y regresemos a casa, Dios comenzará a suplir nuestras necesidades.

Otra ocasión en la que Dios puede no satisfacer nuestras necesidades físicas es cuando nos prueba para llevarnos al siguiente nivel espiritual. El problema aquí no es si Dios suplirá nuestra necesidad, sino cuándo.

Dios podría tener un propósito específico para no responder de inmediato, pero David podía decir con confianza: «Joven fui, y he envejecido, y no he visto justo desamparado, ni su descendencia que mendigue pan» (Sal. 37:25). Dios el Padre nunca ha abandonado a sus hijos.

El pan por el cual se nos enseña a orar es para «hoy». Jesús enfatizó que el pan que Dios nos da es el de «cada día». El mejor ejemplo de esto es Israel en el desierto. El pueblo estaba hambriento, por lo que Dios hizo llover una sustancia blanca, como una escarcha, llamada maná (Éx. 16:13-21). Maná era pan del cielo, y la instrucción de Dios era que los israelitas debían juntar solo lo suficiente para cada día. Todo lo que intentaron guardar durante la noche, excepto para el sábado, se puso rancio o duro.

Muchos de nosotros vivimos de bendiciones pasadas. No hemos santificado el nombre de Dios, no hemos puesto primero su reino ni hemos obedecido su voluntad, entonces cuando vamos por nuestro pan, está rancio. Nadie quiere pan duro. Queremos que sea fresco, pero no podemos disfrutarlo fresco cuando le estamos dando a Dios nuestro servicio rancio, lo que nos sobra.

¿Por qué Dios quiere que vayamos a Él todos los días para que supla nuestras necesidades? Porque ir a Él nos mantiene agradecidos y dependientes. Cuando el refrigerador y el congelador están llenos, es fácil olvidarse de confiar en Dios y no depender de su provisión. Necesitamos esta verdad en nuestra cultura, porque la mayoría de nosotros tenemos la comida de mañana a mano hoy.

Durante el tiempo que pasé en el seminario, estaba obligado a depender de Dios de una manera tan práctica y cotidiana que me resultaba más fácil pensar en Dios como mi proveedor, porque tenía que hacerlo. También me resultaba más fácil, casi involuntariamente, estar agradecido por todo lo que recibíamos. Sin embargo, la prueba más importante llega cuando sentimos que tenemos para cubrir nuestras necesidades, ya sea a través de un trabajo seguro o de ahorros. En esos momentos, la verdad de nuestro corazón sale a la luz: ¿Realmente dependemos de Dios cada día? ¿O es nuestro último recurso?

¿Estamos agradecidos por su gracia?

Cuando Dios suple nuestras necesidades, ¿estamos realmente agradecidos? ¿O es solo de labios para afuera cuando le agradecemos a Dios por lo que ha hecho?

¿Puedes comprender que en realidad dar gracias es un precepto de Dios? La Palabra nos exhorta a orar con acción de gracias. Pablo escribe en 1 Tesalonicenses 5:18: «Dad gracias en todo, porque esta es la voluntad de Dios para con vosotros en Cristo Jesús». ¡No se puede ser más directo que eso! La Palabra afirma claramente que la voluntad de Dios para ti y para mí es dar gracias. Por supuesto que cuando das gracias, estás orando. Por lo tanto, la acción de gracias debe ser una parte regular, continua e incluso orgánica de tu vida de oración. Después de todo, es una expectativa divina.

De hecho, la Biblia llega a decir que es malo no dar gracias a Dios. Pablo escribe: «Pues habiendo conocido a Dios, no le glorificaron como a Dios, ni le dieron gracias, sino que se envanecieron en sus razonamientos, y su necio corazón fue entenebrecido» (Ro. 1:21). Conocer a Dios y saber todo lo que hizo y creó, y aun así no darle gracias, es una de las cosas más terribles que una persona puede hacer. Aún más, Dios es el ente más subestimado del universo.

La verdad es que todo lo que hacemos depende de Dios. Cada respiro que tomamos depende de que Él nos dé oxígeno y haga funcionar nuestros pulmones. Todo lo que tenemos proviene de una fuente superior a nosotros. El dinero que tenemos en nuestra billetera se imprimió del papel de un árbol que Dios hizo en la tierra que le pertenece. Los autos que conducimos se ensamblaron con metal derivado de los materiales que Dios puso en la tierra. Las joyas de oro que usamos en nuestro cuello, muñeca o dedos provienen de un yacimiento que Dios proporcionó.

Las Escrituras dicen una y otra vez que Dios es la fuente de todas las cosas buenas, por lo que sabemos que no quiere que olvidemos que nos dio todo lo que tenemos. *Todo es de Él.* Sin embargo, a veces todos somos desagradecidos, estamos descontentos con lo que tenemos y queremos más de lo que no tenemos, y estas actitudes nos impiden centrar nuestra atención en la misericordia de Dios.

En las Escrituras encontramos dos ejemplos memorables de ingratitud. Uno sucedió durante la aparición diaria de maná, ese pan del cielo mencionado anteriormente. Dios enviaba maná de lunes a viernes, y luego enviaba suficiente para dos días de manera que el pueblo no tuviera que recoger maná el día de reposo. Dios se ocupó de cada detalle. Sin embargo, ¿cómo respondieron los israelitas a la provisión de Dios? Se quejaron de que estaban cansados del maná; querían algo de carne. Así que Dios les envió codornices para comer, y luego también se hartaron de eso (ver Nm. 11:4-35).

Hay un relato en el Nuevo Testamento comparable al del Antiguo Testamento como otro ejemplo de ingratitud. Diez hombres leprosos se acercaron a Jesús «y alzaron la voz, diciendo: ¡Jesús, Maestro, ten misericordia de nosotros!» (v. 13). Y el Maestro respondió con inmensa bondad:

> Cuando él los vio, les dijo: Id, mostraos a los sacerdotes. Y aconteció que mientras iban, fueron limpiados. Entonces uno de ellos, viendo que había sido sanado, volvió, glorificando a Dios a gran voz, y se postró rostro en tierra a sus pies, dándole gracias; y éste era samaritano. Respondiendo Jesús, dijo: ¿No son diez los que fueron limpiados? Y los nueve, ¿dónde están? ¿No hubo quien volviese y diese gloria a Dios sino este extranjero? Y le dijo: Levántate, vete; tu fe te ha salvado (Lc. 17:14-19).

Jesús sanó a diez, ¡pero solo uno se molestó en agradecerle!

Da gracias por lo que tienes

Tómate un momento para pensar en todo lo que Dios te ha dado. ¿Realmente tienes un espíritu de continua gratitud? ¿O dirías que casi siempre estás pensando en lo que quieres en vez de estar contento con lo que ya tienes?

El mejor antídoto para la ingratitud es reconocer las bendiciones de Dios, grandes y pequeñas. Cuando era niño, en la iglesia cantábamos un hermoso himno llamado «*Bendiciones, cuántas tienes ya*», que decía: «¡Bendiciones, cuántas tienes ya! Bendiciones, Dios te manda más; bendiciones, te sorprenderás cuando veas lo que Dios por ti hará». Este es un principio muy importante. Cuando agradeces por las bendiciones que tienes, te sorprenderás de lo mucho que Dios puede hacer por ti. ¿Qué cosas buenas disfrutas en tu vida? Tal vez estés diciendo: «Tengo demasiados problemas para tratar de fijarme en cualquier bendición en este momento». Bueno, la vida siempre está hecha de cosas buenas y malas, así que ¿no deberíamos tratar de concentrarnos en las buenas? Claro, puede que estés enfrentando uno o dos grandes problemas, pero piensa en la gran cantidad de pequeñas bendiciones que Dios te da cada día.

EL CONTEXTO DE DAR GRACIAS

Tal como vimos anteriormente, 1 Tesalonicenses 5:18 nos exhorta a ser agradecidos *en todo*. Observa que Pablo no dice: «Dad gracias por todo». Hay una clara diferencia. Él habla de dar gracias en todo. Cuando las cosas van mal, debemos dar gracias a Dios en medio de la adversidad.

Las palabras de Habacuc: Alaba a Dios en medio de sus circunstancias

Uno de los pasajes más poéticos de las Escrituras es Habacuc 3:17-19, que describe cómo alababa Habacuc a Dios aunque todos sus campos y sus rebaños perecieran. El profeta escribió:

> Aunque la higuera no florezca,
> Ni en las vides haya frutos,
> Aunque falte el producto del olivo,
> Y los labrados no den mantenimiento,
> Y las ovejas sean quitadas de la majada,
> Y no haya vacas en los corrales;
> Con todo, yo me alegraré en Jehová,
> Y me gozaré en el Dios de mi salvación.
> Jehová el Señor es mi fortaleza,
> El cual hace mis pies como de ciervas,
> Y en mis alturas me hace andar.

Amigo, aunque fracases en todos tus esfuerzos y emprendimientos terrenales, aunque no tengas nada a tu nombre y aunque estés en la peor época de tu vida, aun así alaba a Dios por todo lo que Él ha hecho. Aunque no puedas alabar a Dios *por* tus circunstancias, puedes alabarlo porque Él está contigo *en* medio de esas circunstancias.

Las palabras de Job:
Bendice a Dios por reinar sobre su vida

¿Recuerdas qué dice Job cuando descubre que toda su vida se derrumba a su alrededor? Su esposa le sugiere que maldiga a Dios, pero Job dice: «Como suele hablar cualquiera de las mujeres fatuas, has hablado. ¿Qué? ¿Recibiremos de Dios el bien, y el mal no lo recibiremos?» (Job 2:10). Job está diciendo que no podemos medir nuestra relación con Dios por las cosas buenas que Él nos da. Job declara: «Desnudo salí del vientre de mi madre, y desnudo volveré allá. Jehová dio, y Jehová quitó; sea el nombre de Jehová bendito» (Job 1:21).

Job alaba a Dios incluso en el momento más bajo de su vida. Perdió a sus hijos, su trabajo, sus obreros, sus ingresos, su salud; todo le salió mal. Entonces, ¿por qué le agradece a Dios? Porque, para empezar, Job sabe que no puedes perder lo que no es realmente tuyo. Job entiende que todo lo que él tiene le pertenece al Señor, y reconoce que Dios es soberano sobre toda su vida.

Dios puede dar y quitar porque tiene el control, y Job confía en ese hecho.

Las palabras de Josafat:
Alaba por la fuerza y el poder de Dios

Otro ejemplo de alabar a Dios en todo y el fruto que finalmente produce se encuentra en 2 Crónicas 20. El rey Josafat decidió alabar a Dios aun cuando se sentía impotente frente a una situación de derrota. Entonces dijo: «¡Oh Dios nuestro! ¿no los juzgarás tú? Porque en nosotros no hay fuerza contra tan grande multitud que viene contra nosotros; no sabemos qué hacer» (v. 12).

Josafat no sabía qué hacer. No tenía nada que agradecerle a Dios, al menos con respecto a la batalla que enfrentaba. Y al menos no desde una perspectiva humana. Pero echemos un vistazo a lo que hizo y pongamos en práctica la respuesta del rey en nuestro propio contexto de oración. Josafat usó sus labios para alabar a Dios y obtener así la victoria que buscaba. Qué interesante estrategia de batalla. Este rey luchó (y ganó) su guerra en oración:

> Jehová Dios de nuestros padres, ¿no eres tú Dios en los cielos, y tienes dominio sobre todos los reinos de las naciones? ¿No está en tu mano tal fuerza y poder, que no hay quien te resista? Dios nuestro, ¿no echaste tú los moradores de esta tierra delante de tu pueblo Israel, y la diste a la descendencia de Abraham tu amigo para siempre? Y ellos han habitado en ella, y te han edificado en ella santuario a tu nombre, diciendo: Si mal viniere sobre nosotros, o espada de castigo, o pestilencia, o hambre, nos presentaremos delante de esta casa, y delante de ti (porque tu nombre está en esta casa), y a causa de nuestras tribulaciones clamaremos a ti, y tú nos oirás y salvarás (2 Cr. 20:6-9).

Analicemos la anatomía de la oración del rey para que nos ayude en nuestras propias oraciones. Primero, comenzó por recordarle a Dios quién es Él. El rey alabó a Dios por su «fuerza y poder». Luego le recordó lo que había dicho. Después de eso, le habló sobre el tema en cuestión.

El orden en su oración es importante, así que vuelve a leer este párrafo. Pone las cosas en la perspectiva correcta. Cuando tú o yo enfrentamos un problema grave en nuestra vida, significa que necesitamos algo que pueda darnos una solución más grande: ese algo es Dios.

Nunca descubrirás que Dios es todo lo que necesitas hasta que Él sea todo lo que tengas. Hay momentos en tu vida cuando Dios permite que estés abrumado para que puedas tener una visión más grande de Él. Mira, si tu visión de Dios es pequeña, Él será el último recurso al que acudas en una situación difícil. Realmente, no esperarás demasiado de Él, pero si tu visión de Dios es grande, como la del rey, acudirás a Él para que te libere, y comenzarás por recordarle su grandeza.

El rey Josafat sin duda había experimentado numerosos éxitos en su reinado; pero en el momento de esa batalla, se enfrentó a una crisis que puso de manifiesto sus propias debilidades. Por esto usó la oración para invocar a Dios. A veces te encuentras en una zanja en un autobús del que no puedes salir, pero si Clark Kent estuviera en el mismo autobús, tu estrategia cambiaría. Recuérdale en oración a Dios su grandeza, su poder y su fuerza, y su disposición de ayudarte cuando estás en problemas. Con anterioridad, Josafat entendía que, así como un jugador de baloncesto tiene el balón en sus manos, Dios tiene el universo bajo su control. Su fe era como la de Linda (cap. 10), la mujer que oró debajo de un estadio de fútbol para que el Dios que «tiene control sobre el clima» interviniera y desviara una enorme tormenta que amenazaba con cancelar una reunión de evangelismo y poner en peligro el buen nombre de Dios.

En el versículo 15 del pasaje, leemos la respuesta de Dios a todo su pueblo por medio del profeta. Dice: «Oíd, Judá todo, y vosotros moradores de Jerusalén, y tú, rey Josafat. Jehová os dice así: No temáis ni os amedrentéis delante de esta multitud tan grande, porque no es vuestra la guerra, sino de Dios».

En otras palabras, esta batalla le pertenece al Señor.

El profeta fue y declaró la instrucción específica de Dios. Les dijo a los israelitas que en esa batalla en particular no tendrían que pelear. En esa batalla, todo lo que los israelitas debían hacer al día siguiente, como se registra en 2 Crónicas 20, era:

> Mañana descenderéis contra ellos; he aquí que ellos subirán por la cuesta de Sis, y los hallaréis junto al arroyo, antes del desierto de Jeruel. No habrá para qué peleéis vosotros en este caso; paraos, estad quietos, y ved la salvación de Jehová con vosotros. Oh Judá y Jerusalén, no temáis ni desmayéis; salid mañana contra ellos, porque Jehová estará con vosotros (vv. 16-17).

Solo tenían que quedarse quietos. Al escuchar esto, «Josafat se inclinó rostro a tierra, y asimismo todo Judá y los moradores de Jerusalén se postraron delante de Jehová, y adoraron a Jehová» (v. 18). De hecho, comenzaron a alabar a Dios a voz en cuello. Las Escrituras continúan diciendo: «Y se levantaron los levitas de los hijos de Coat y de los hijos de Coré, para alabar a Jehová el Dios de Israel con fuerte y alta voz» (v. 19).

A la mañana siguiente se despertaron y volvieron a alabar anticipando la victoria. Leemos:

> Y cuando se levantaron por la mañana, salieron al desierto de Tecoa. Y mientras ellos salían, Josafat, estando en pie, dijo: Oídme, Judá y moradores de Jerusalén. Creed en Jehová vuestro Dios, y estaréis seguros; creed a sus profetas, y seréis prosperados. Y habido consejo con el pueblo, puso a algunos que cantasen y alabasen a Jehová, vestidos de ornamentos sagrados, mientras salía la gente armada, y que dijesen: Glorificad a Jehová, porque su misericordia es para siempre (vv. 20-21).

Cuando los israelitas comenzaron a cantar en agradecimiento y alabanza a Dios, Él puso emboscadas contra sus enemigos (vv. 22-23). En respuesta a su acción de gracias, el Señor hizo el trabajo por ellos.

Alabanzas y acción de gracias como un acto de sacrificio

Amigo, nunca te creas demasiado listo o demasiado sofisticado para alabar y agradecer a Dios. Dale a Dios el placer de experimentar tu confianza en Él mediante tu acción de gracias en oración. Que la alabanza y la acción de gracias estén siempre en tu corazón y en tus labios para dar a Dios la gloria que se merece.

Y cuando los tiempos sean malos y las luchas sean difíciles, también puedes agradecerle. Que tu alabanza y acción de gracias sean un *sacrificio,* como se menciona en el libro de Hebreos 13:15. A veces es más difícil ver lo bueno en una situación tal como lo fue para los israelitas cuando sus enemigos los rodeaban. En momentos como ese la alabanza y la acción de gracias son un verdadero sacrificio, porque lo alabas y le agradeces con fe a pesar del dolor y la confusión que te rodea. Cuando alabas, es especialmente en esos momentos cuando el Señor escucha tu corazón y te recompensa con su presencia por la autenticidad de tu alabanza.

Cuando los israelitas decidieron alabar y dar gracias a Dios en obediencia y fe frente a la batalla, recibieron la victoria que Dios les había prometido. La victoria estuvo tan ligada a su acción de gracias que las Escrituras nos dan el momento exacto en que cada una tuvo lugar. De hecho, fue precisamente cuando Dios escuchó su alabanza, que ellos vieron su intervención en la guerra. Ni un momento antes ni un momento después. Dios sincronizó el momento de su liberación con sus oraciones de alabanza y acción de gracias. «Cuando comenzaron a entonar cantos de alabanza, Jehová puso contra [ellos], las emboscadas de ellos mismos que venían contra Judá, y se mataron los unos a los otros» (2 Cr. 20:22). Apenas comenzaron sus gritos de alabanzas, el Señor puso emboscadas contra los que habían ido a pelear contra Judá, y fueron derrotados.

Amigo, no tardes. Alaba al Rey. Alaba y agradece a Dios ahora mismo, antes de tiempo, y muestra tu confianza en su capacidad divina de revertir cualquier situación que puedas enfrentar.

Cuando das gracias, estás en la voluntad de Dios. Cuando te quejas, estás fuera de la voluntad de Dios. Dar gracias es colocarse en el centro de la voluntad de Dios. Esto es decisivo porque «sabemos que a los que aman a Dios, todas las cosas les ayudan a bien, esto es, a los que conforme a su propósito son llamados» (Ro. 8:28). Sabemos, más allá de toda duda, que Dios cumple su voluntad en la vida de los creyentes y usa los tiempos difíciles con un propósito.

Como criaturas finitas, nos resulta difícil ver el panorama general de las cosas. Tendemos a ver solo una parte aquí y otra parte allá, pero nuestro Padre tiene una visión global de las cosas y ve cómo todo se interconecta. Él une todas las piezas para que todas las cosas funcionen en conjunto en el proceso de promover la agenda del reino.

No te fíes solo de mi palabra. Fíate de la Palabra de Dios. Prueba a Dios y haz de la gratitud una parte regular de tus pensamientos, tus palabras y tus oraciones.

Capítulo 16

Libre de la esclavitud

Hay momentos de nuestra vida cuando los problemas que enfrentamos son el resultado de nuestras propias acciones. Cometimos errores. Tomamos decisiones equivocadas. Y estamos pagando las consecuencias.

Esta es una esclavitud problemática y un peso difícil de llevar. Sin embargo, también están los momentos cuando lo que enfrentamos no tiene nada que ver con algo que hayamos hecho mal. En realidad, es posible que incluso hayamos hecho algo bien, y, en consecuencia, enfrentamos dificultades.

Como ejemplo, los discípulos estaban obedeciendo a Jesús cuando fueron atrapados en medio de una feroz tormenta a bordo de una barca en el Mar de Galilea. No habían hecho nada malo para merecer la dificultad que enfrentaban. Su obediencia los llevó a enfrentar un gran peligro. A veces, es Dios que permite que estas adversidades nos pongan a prueba o nos fortalezcan. Otras veces es Satanás que trata de devorarnos. Las Escrituras declaran que ningún arma forjada contra nosotros prosperará (Is. 54:17), pero en ninguna parte dice que las armas no se forjarán. Vivir a la luz de esta realidad significa que debemos desarrollar una estrategia mental que nos permita enfrentar las dificultades de la vida.

Frente al adversario

Tenemos un adversario y su nombre es Satanás. Está empeñado en desanimarnos, y cada oportunidad de ponernos de rodillas emocional o psicológicamente cumple su máximo objetivo: separarnos de Dios emocional, espiritual y mentalmente.

El Evangelio de Mateo registra la historia de Pedro cuando caminó sobre el agua, lleno de fe en que Jesús no permitiría que se hundiera, incluso en medio de una terrible tormenta. Pedro le dijo: «Señor, si eres tú, manda que yo vaya a ti sobre las aguas. Y él dijo: Ven» (Mt. 14:28-29). Sin embargo, incluso en medio de un genuino milagro, Pedro no pudo dejar de asustarse por los fuertes vientos. Incluso durante su acto de valiente obediencia, Satanás desanimó al pescador y comenzó a hundirse.

Piensa en todos los momentos que te hundiste en la vida. Pérdida de trabajos, peleas familiares, malos informes médicos. Cada uno de nosotros ha experimentado la misma desesperación, miedo, preocupación o desesperanza. Si somos sinceros, debemos aceptar que en esos momentos sentimos que Dios está muy lejos y que no le importamos.

Sin embargo, la Biblia nos exhorta a acercarnos a Él y a resistir al diablo y que él *huirá* de nosotros (Stg. 4:7-8). Como creyentes, nos olvidamos fácilmente de que hemos sido facultados para hacer lo que Dios ha ordenado, al igual que Pedro, a quien Jesús mandó que caminara sobre el agua.

La incredulidad llega de repente, y cuando los vientos de la vida soplan fuerte contra nuestra proa, pueden disuadir incluso a los cristianos más fieles. Sin embargo, si mantenemos nuestros ojos en Cristo, seguimos sus enseñanzas y oramos como Él nos enseñó, podemos capear las tormentas más feroces o las noches más oscuras.

Admitamos nuestras dudas

Cuando Pedro comenzó a hundirse bajo el agua, su oración no fue larga, elocuente ni siquiera bien pensada. Básicamente, pidió ayuda: «Señor, sálvame». Dos palabras. Su oración no fue nada del otro mundo, pero fue eficaz. A veces nuestras oraciones no necesitan ser tan largas como acostumbramos hacer. Recuerda que Dios escucha nuestro corazón. Si necesitas ayuda en una difícil situación, pídela. Si dudas de Dios por las circunstancias que te rodean, pídele que te ayude a superar tu incredulidad (Mr. 9:24). Si necesitas una palabra de confirmación, pídela. Cuando necesites consuelo, exprésalo.

Como esposo, puedo afirmar como muchos hombres que a lo largo de los años hemos descubierto que nuestra esposa a veces espera que leamos su mente. Puedes llegar a casa del trabajo y el recibimiento podría ser tan frío como la capa de hielo del Polo Norte; pero cuando preguntas qué le pasa, escuchas: «No me pasa nada». Suspiras, porque sabes que así comienza el arduo trabajo de atravesar ese hielo para descubrir qué le está pasando. Muchos de nosotros hacemos lo mismo con Dios. O tenemos miedo de que no le guste lo que le queremos decir o dudamos de que nos responda, entonces protegemos nuestras propias esperanzas y expectativas. Cualquiera sea el caso, demasiados creyentes le comentan a Dios lo que les pasa y le piden que les responda. Vivimos bajo el paraguas de tratar de ser un «súper santo» cuando por dentro nos estamos derrumbando por la duda, la preocupación e incluso la decepción.

Cuando estás en un pozo profundo

Un principio importante en la oración del reino siempre es este: Sé sincero con Dios; después de todo, Él ya sabe cómo te sientes.

Cuéntaselo. Inicia la conversación. Aunque sea tan simple como el grito de Pedro: «Señor, sálvame». Adelante, dilo. Podrías sentirte solo, pero no estás solo. Cuando Dios está en silencio, no es porque está quieto. Incluso en las noches más oscuras y en los pozos más profundos, Él está allí.

Hay una vieja historia sobre un hombre que se cae en un hoyo y no ve la salida. Grita pidiendo ayuda, hasta que finalmente se acerca un excursionista. Al escuchar la súplica del hombre y ver su situación, el viajero le dice al hombre que trate de buscar la manera de salir de allí por sí mismo, y sigue su camino. Un hombre santo pasa y escucha el llanto desesperado del hombre. Le dice que va a orar por él para que encuentre la salida y luego se escabulle.

Finalmente, un hombre común pasa junto al hoyo y ve al primer hombre en esa situación y escucha su súplica de ayuda. Entonces, sin previo aviso, el hombre común salta al hoyo donde estaba el primer hombre.

—¿Por qué hiciste eso? —pregunta el primer hombre.

—Porque estuve en este hoyo antes —responde el hombre común—, y conozco la salida.

Jesucristo es ese hombre. Jesús es el Hijo del Dios viviente, pero también es Dios mismo. Sin embargo, en Juan 1:14, vemos que este Hijo de Dios descendió a la tierra y se hizo hombre y vivió entre la raza humana. «Se despojó» del libre uso de su deidad y asumió la mortalidad de los humanos, para comprender la contrariedad de la tentación y la angustia de la misma muerte. ¿Por qué? Para que tuviéramos un verdadero abogado que interceda por nosotros para siempre, Uno que entienda realmente nuestra situación y que conozca la salida.

Si sientes que te has caído en un pozo y estás pasando por algunas pruebas de las que no ves la salida, anímate porque tienes un Abogado que intercede por ti. Él conoce exactamente tu situación y está comprometido a verte salir de ese pozo. Y hay una estrategia que nos ha dado sobre cómo responder en situaciones como estas. Se encuentra en una historia de Hechos 16.

Pablo y Silas en un pozo profundo

Pablo y Silas habían estado manifestando el poder de Dios en Filipos al sanar a las personas, expulsar demonios y guiar a las personas a convertirse a Cristo. Vivían en obediencia a Dios. Su éxito molestaba a algunos de los negociantes de la ciudad. Después de todo, uno de los demonios que estos dos discípulos habían expulsado les había quitado la ganancia de una joven que «adivinaba». Los negociantes ganaban dinero con su habilidad para predecir el futuro y hacer hechizos.

Después de varias denuncias, acusaron y azotaron duramente a los dos hombres y los echaron a la cárcel interna, los ataron con cadenas y sujetaron sus pies en el cepo. Estaban encerrados. Esa cárcel representaba la peor situación posible. Un lugar sucio. Totalmente aislados. Basados en acusaciones contra raza y religión, los dos hombres estaban encerrados sin juicio a la vista.

¿Y qué crees que hacían mientras estaban en ese profundo pozo? Hicieron algo que pocos de nosotros hubiéramos hecho, pero lo que todos deberíamos hacer. Oraron y alabaron. El versículo 25 dice: «Pero a medianoche, orando Pablo y Silas, cantaban himnos a Dios; y los presos los oían». ¡Fíjate que estaban orando y alabando «a medianoche»! Siempre me emociono cuando leo o escucho sobre «la medianoche». Tú también deberías hacerlo. Normalmente, cuando se habla de ella, significa el peor momento, el más oscuro, el más desesperante. Y sin embargo, Dios va a cambiarlo.

Cerca de la medianoche, Pablo y Silas no blasfemaron, ni

se quejaron, ni preguntaron por qué. No estaban debatiendo si habían escuchado bien su llamado. En el calabozo de más adentro de la cárcel, encerrados, con los pies encadenados, por la sencilla razón de obedecer a Dios y servirlo públicamente al sanar y ayudar a otros, Pablo y Silas oraban y alababan.

Eso es exactamente lo que debemos hacer cuando nos encontramos en una situación como esta «a medianoche». Quizá recordaron estas palabras de las Escrituras:

> Y ninguno dice: ¿Dónde está Dios mi Hacedor, que da cánticos en la noche? (Job 35:10).

> Pero de día mandará Jehová su misericordia, y de noche su cántico estará conmigo, y mi oración al Dios de mi vida (Sal. 42:8).

Sea lo que sea, decidieron cantar en el momento en que la mayoría hubiera cuestionado a Dios y hubiera dicho que las cosas no eran justas. Cuestionar a Dios es lo que a veces hacemos cuando la vida se pone oscura y parece que no hay forma de salir de una situación injusta. En esos momentos, cuando quieres rendirte o simplemente hundirte en la autocompasión, Dios te pide que lo alabes. Eso se debe a que cuanto peor estás, más necesitas a Dios.

La alabanza y la oración dependen de nuestra visión de Dios

Nuestra manera de responder al sufrimiento tiene relación directa con nuestra visión de Dios. Nuestra manera de reaccionar a la medianoche (no a mediodía cuando el sol brilla) tiene mucho que ver con nuestro concepto de Dios. Cuando llegue la medianoche, y todos tendremos una medianoche o dos o quizá más, saldrá a la luz lo que realmente creamos de Dios.

Cuando la depresión te cubre como una nube, o la ansiedad envuelve sus horribles cadenas alrededor de tus pulmones o la pila de facturas a pagar es tan alta que no puedes ver, es el momento de alabar y orar con fe. Dios responde a la oración y las alabanzas de su pueblo, especialmente a la medianoche. Este tipo de oración y alabanza refleja la verdad sobre la que Pablo escribiría en Romanos: «Y sabemos que a los que aman a Dios, todas las cosas les ayudan a bien, esto es, a los que conforme a su propósito son llamados» (8:28). Incluso las cosas que no podemos entender nos ayudan a bien.

Pablo y Silas no alababan a Dios por la prisión. Lo estaban alabando por el propósito. Cuando estás en una mala situación y es casi medianoche en tu vida, Dios no te llama a alabarlo por el sufrimiento, sino a agradecerle por el magnífico propósito que está cumpliendo. Un corazón de oración, alabanza y gratitud en los momentos más difíciles de nuestra vida demuestra fe como ninguna otra cosa. Y da paso a una respuesta que jamás hubieras imaginado o pensado.

La alabanza es el interruptor que enciende el poder de Dios. La alabanza hace que Dios haga lo inesperado, lo impredecible, eso «como caído del cielo»: el *de repente.*

La alabanza y el «de repente»

Hechos 16:26 contiene algunas de las verdades espirituales más poderosas con respecto a la oración del reino. Dice: «Entonces sobrevino de repente un gran terremoto, de tal manera que los cimientos de la cárcel se sacudían; y al instante se abrieron todas las puertas, y las cadenas de todos se soltaron». Ese gran terremoto no solo vino de repente, sino que también se soltaron las cadenas de todos. ¿Quién ha oído hablar de un terremoto que suelta cadenas? Dios sacudió las cosas de tal manera que las puertas se abrieron y todos los prisioneros quedaron libres.

Ten en cuenta que sucedió de repente. Nadie puede ver venir el de repente. Eso es lo que hace que sea de repente. No puedes oír que está viniendo o ver las señales de que está cerca. Si estás confiando en Dios, pero cuando buscas su mano no ves nada, recuerda que Dios a menudo obra de repente. No vas a ver lo que está haciendo hasta que esté listo para revelarlo. Todo lo que tienes que hacer es cumplir tu responsabilidad. Deja que Dios se ocupe del «de repente». Todo lo que Pablo y Silas tenían que hacer era orar y alabar a la medianoche en medio de una difícil situación. Como resultado, Dios los liberó.

Sin embargo, los dos hombres no salieron de la cárcel. En cambio, trataron de salvar al carcelero de servicio que temía por su propia vida ya que suponía que los prisioneros habían escapado. Al ver que el carcelero iba a suicidarse, Pablo gritó y le dijo que no se lastimara porque todos los prisioneros seguían allí. Incluso en su libertad y su bendición, Pablo fue fiel a lo que Dios le había pedido hacer. Y él guio a los otros prisioneros a hacer lo mismo. Como resultado, el carcelero y toda su casa más tarde también se convirtieron a Cristo (vv. 27-34).

Las cosas habían ido de mal en peor en la vida de Pablo y Silas. Primero los acusaron erróneamente; luego los azotaron, los encerraron en la cárcel y los ataron de manera segura. Sin embargo, a pesar de la situación negativa que los rodeaba, cantaron a Dios para darle gloria. La alabanza nos recuerda que ninguna cadena es tan gruesa que Dios no pueda romper... de repente.

Josué y su ejército deben haber hecho bien en alabar a Dios cuando marcharon alrededor de Jericó ya que los muros se partieron y se derrumbaron. Josafat y su ejército hicieron lo mismo cuando cantaron, y Dios se adelantó a ellos para confundir al enemigo en la batalla y derrotarlos.

Como sabes, el gallo canta solo cuando sale el sol. El petirrojo canta solo durante el día cuando intenta impresionar a una especie del sexo opuesto. Sin embargo, el ruiseñor canta todo el día. ¿Qué tipo de ave eres tú? ¿Cantas solo cuando sale el sol? ¿O solo cantas cuando quieres algo? O, más bien, alabas cualquiera que sea tu situación, sin importar si es de mañana o la medianoche.

Haz que la oración y la alabanza sean tu modo de proceder, tu manera normal de enfrentar las situaciones de la vida, y podrás experimentar un mundo lleno de «*de repentes*». Espera terremotos cuando ores. Espera que muros se derrumben. Espera que las cadenas se suelten.

Espera milagros, de repente. Él *es* poderoso, según el poder que actúa *en ti*.

Conclusión

El verdadero poder

¿Recuerdas la visita de mi familia a las Cataratas del Niágara que vimos en el capítulo 1? Comenzamos mirando por la ventana de un hotel a dos cuadras de esas majestuosas cataratas. Luego caminamos hasta el mirador. Otros decidieron abordar el barco *Sirvienta de la neblina* para acercarse lo más humanamente posible y admirar —y temer— su poderosa fuerza.

También puedes observar o participar de esas majestuosas cataratas. La forma más fácil es ver una foto de calendario con las cataratas. O puedes participar, pero la pregunta es: «¿Cuánto?». Puedes viajar al área cercana a las cataratas y mirar por la ventana de un hotel. Aún mejor, podrías ir caminando hasta el parque y pararte en el borde donde cae el agua desde la parte superior. *O* ir hasta el final: ponerte el impermeable, subirte al barco y dejarte empapar por el poder de ese lugar.

Cuando se trata del grandioso poder de la oración del reino, tú también tienes la decisión; pero recuerda que la decisión que tomes afectará el resultado. Si quieres todo el poder y la promesa de la presencia de Dios, tendrás que *acercarte y profundizar en tu relación con Él.*

Este libro es un estudio de cómo podemos beneficiarnos

del poder de la oración del reino, que es *el método divinamente autorizado para acceder a la autoridad celestial para una intervención terrenal.* Para empezar, en tu relación con Dios el Padre y Dios el Hijo, ten en cuenta estas verdades al orar en el nombre de Jesús para los propósitos de su reino:

1. Acércate al Hijo de Dios, al permitir que Jesucristo tenga acceso y gobierne cada área de tu vida. Practica el señorío de Cristo todos los días para que puedas escuchar su voz y glorificar su reino.
2. La oración es comunicación relacional con Dios. Sé sincero, directo y franco en tus oraciones.
3. Tu Padre en el cielo es el soberano. Rige con autoridad sobre todo, lo cual significa que tiene el poder y la sabiduría para responder a nuestras oraciones de la manera correcta en el momento correcto.
4. Ora sin cesar (1 Ts. 5:16), y escucha su respuesta.
5. Ora de manera específica, persistente y expectante.
6. Tus oraciones deberían beneficiar a otros, dar gloria a Dios y promover la agenda del reino de Dios.
7. La soledad te permite escuchar la voz sobrenatural de Dios.
8. La oración eficaz requiere obediencia.
9. Ten una fe creciente (del tamaño de un grano de mostaza) para que Dios responda tus oraciones. La incredulidad limita lo que Dios hará en y por medio de tu vida.
10. Considera ayunar en tiempos de crisis. Al ayunar le muestras a Dios que tienes el firme propósito de llamar su atención, y puedes escuchar atentamente su voz.

Decide hoy consagrarte a Dios en oración: conocerlo y obedecerlo, escuchar su voz y acercarte a su Hijo. Ora para beneficiar a otros, darle gloria a Dios y promover la agenda del reino de Dios. Hazlo, y verás que tocar el cielo puede cambiar la tierra.

La Alternativa Urbana

La Alternativa Urbana (TUA, por sus siglas en inglés) **capacita**, **fortalece** y **une** a los cristianos para **influenciar** a *individuos, familias, iglesias* y *comunidades*. TUA promueve una cosmovisión que se basa completamente en la agenda del reino de Dios. Mediante la enseñanza de la verdad, buscamos transformar vidas.

La raíz de los problemas que enfrentamos en nuestra vida personal, nuestro hogar, nuestras iglesias y nuestra sociedad es espiritual. Por lo tanto, la única forma de abordar estos problemas es espiritual. Hemos intentando con las agendas políticas, sociales, económicas y religiosas, pero no han producido una transformación duradera.

Es hora de poner en marcha la agenda del reino: la manifestación visible de la norma integral de Dios en cada ámbito de la vida.

El tema central y unificador de la Biblia es la gloria de Dios mediante el avance de su reino. Este es el hilo conductor desde Génesis hasta Apocalipsis, de principio a fin. Sin ese tema, la Biblia es una colección disociada de historias que inspiran, pero que parecen no estar relacionadas en su propósito y dirección. La Biblia existe para mostrar el mover de Dios en la historia hacia el establecimiento y la expansión de su reino, con énfasis en la interrelación de principio a fin. Esta comprensión aumenta la relevancia de estos escritos antiguos en nuestra vida cotidiana, porque el reino no es solo entonces; sino también ahora.

La ausencia de influencia del reino en nuestras propias vidas, familias, iglesias y comunidades ha derivado en un deterioro catastrófico en nuestro mundo.

- Las personas llevan una vida segmentada y compartimentada porque carecen de la perspectiva del reino de Dios.
- Las familias se desintegran, porque existen para su propia satisfacción y no para el reino.
- Las iglesias tienen una influencia limitada, porque no comprenden que el objetivo de la iglesia no es la iglesia misma, sino el reino.
- Las comunidades no tienen a dónde recurrir para encontrar soluciones reales para personas reales con problemas reales; porque la iglesia se ha dividido, ha crecido para adentro y es incapaz de transformar de manera significativa el panorama cultural.

La agenda del reino nos ofrece una forma de vivir con una esperanza sólida al optimizar las soluciones del cielo. Cuando Dios y su gobierno no son la norma de autoridad final sobre todo, se pierde el orden y la esperanza. Sin embargo, también es cierto que mientras tengamos a Dios, tenemos esperanza. Si Dios todavía está en escena, y su agenda siga en marcha, no todo está perdido.

Si las relaciones fallan, Dios nos sostendrá. Si las finanzas disminuyen, Dios cuidará de nosotros. Si los sueños mueren, Dios nos revivirá. Mientras Dios y su autoridad guíen nuestra vida, familia, iglesia y comunidad, siempre habrá esperanza.

Nuestro mundo necesita la agenda del Rey. Nuestras iglesias necesitan la agenda del Rey. Nuestras familias necesitan la agenda del Rey.

En muchas ciudades importantes, los conductores pueden tomar una carretera que rodea la ciudad para llegar al otro lado de la misma sin tener que atravesar el centro de la ciudad. Esta carretera los lleva suficientemente cerca de la ciudad de tal manera que ven sus imponentes edificios y el horizonte, pero no al grado de experimentar la ciudad misma.

Esto es precisamente lo que nuestra cultura ha hecho con Dios. Lo hemos puesto en la «carretera que bordea» nuestra vida personal, familiar, la iglesia y la comunidad. Está lo bastante cerca por si lo necesitamos en una emergencia, pero demasiado lejos para ser el centro de nuestra vida misma.

Lamentablemente, a menudo queremos que Dios esté en la «carretera que bordea» nuestra vida, pero no siempre queremos que el Rey de la Biblia llegue al centro de nuestra vida. Dejar a Dios en la «carretera que bordea» trae consecuencias terribles, como lo hemos visto en nuestras propias vidas y en la vida de otros. Sin embargo, cuando hacemos de Dios y su autoridad la pieza central de todo lo que pensamos, hacemos y decimos, lo experimentamos de la manera que Él desea que lo hagamos.

Él quiere que seamos personas del reino con una mente del reino para poder cumplir con los propósitos de su reino. Él quiere que oremos como lo hizo Jesús: «No se haga mi voluntad, sino la tuya». Porque suyo es el reino, el poder y la gloria.

Solo hay un Dios y nosotros no somos Él. Como Rey y Creador, Dios es el que manda. Solo cuando nos colocamos bajo su mano soberana, accederemos a todo su poder y autoridad en nuestras vidas, familias, iglesias y comunidades.

A medida que aprendamos a someternos a la autoridad de

Dios, transformaremos la institución de la familia, la iglesia y la sociedad de acuerdo con una visión del mundo basada en la Biblia.

Sometidos a Dios, tocamos el cielo y transformamos la tierra.

Para lograr nuestro objetivo, utilizamos una variedad de estrategias, métodos y recursos para alcanzar y capacitar a tantas personas como sea posible.

Medios de difusión

Millones de personas experimentan *La alternativa con el Dr. Tony Evans*, una transmisión diaria que se difunde en casi mil estaciones de radio y en más de cien países. La transmisión también se puede ver en varias cadenas de televisión, en línea en TonyEvans.org y en la aplicación gratuita Tony Evans. Más de cuatro millones de descargas de mensajes se realizan cada año.

Capacitación de líderes

El Centro de Capacitación Tony Evans (TETC, por sus siglas en inglés) facilita la programación educativa que refleja la filosofía del ministerio del Dr. Tony Evans expresada mediante la agenda del reino. Los cursos de capacitación se centran en el desarrollo del liderazgo y el discipulado en cinco ramas:

- Biblia y teología
- Crecimiento personal
- Familia y relaciones
- Desarrollo del liderazgo y la salud de la iglesia
- Influencia en la sociedad y la comunidad

El programa TETC incluye cursos para estudiantes locales y en línea. Además, este programa incluye cursos para asistentes no estudiantes. Pastores, líderes cristianos y laicos cristianos, tanto locales como a distancia, pueden obtener un Certificado de Agenda del Reino para el desarrollo personal, espiritual y profesional. Algunos cursos califican como créditos para continuar con su educación y se transferirán para créditos universitarios con nuestras escuelas asociadas.

Pastores de la Agenda del Reino (KAP, por sus siglas en inglés) ofrece una red viable para pastores con ideas afines que adoptan la filosofía de la agenda del reino. Los pastores tienen la oportunidad de profundizar con el Dr. Tony Evans, ya que reciben mayor conocimiento bíblico, aplicaciones prácticas y recursos para influenciar a individuos, familias, iglesias y comunidades. KAP acepta pastores principales y asociados de todas las iglesias. También ofrece una cumbre que se realiza cada año en Dallas, Texas, con seminarios intensivos, talleres y recursos.

El *Ministerio de Esposas de Pastores,* fundado por la Dra. Lois Evans, ofrece consejo, estímulo y recursos espirituales para las esposas de los pastores que sirven junto a sus maridos en el ministerio. Un objetivo principal del ministerio es la cumbre que se ofrece a las esposas de pastores principales como un lugar seguro para reflexionar, renovarse y descansar, junto con capacitación en el desarrollo personal, el crecimiento espiritual y el cuidado de su bienestar emocional y físico.

Influencia en la comunidad

La *Iniciativa Nacional para la Iglesia: Adopta-una-escuela* (NCAASI, por sus siglas en inglés) capacita a las iglesias de todo el país para tener influencia en las comunidades mediante el uso de las escuelas públicas como vehículos principales para lograr un cambio social positivo en la juventud y las familias urbanas. Líderes de las iglesias, distritos escolares, organizaciones religiosas y otras organizaciones sin fines de lucro reciben los conocimientos y las herramientas para desarrollar alianzas y construir sólidos sistemas de prestación de servicios sociales. Esta capacitación se basa en la estrategia integral de influencia comunitaria dirigida por la iglesia Oak Cliff Bible Fellowship. Esta aborda áreas tales como el desarrollo económico, la educación, la vivienda, la revitalización de la salud, la renovación familiar y la reconciliación racial. Ayudamos a las iglesias a adaptar el modelo para satisfacer las necesidades específicas de sus comunidades, al mismo tiempo que abordamos el marco de referencia espiritual y moral. Las clases de capacitación se llevan a cabo anualmente en el área de Dallas en la iglesia Oak Cliff Bible Fellowship.

Influencia para Atletas (AI, por sus siglas en inglés) es un programa para alcanzar a los atletas por medio del deporte. A menudo los entrenadores son los adultos más influyentes en la vida de los jóvenes, incluso más que los padres. Con el creciente aumento de familias sin un padre en nuestra cultura, más jóvenes recurren a sus entrenadores en busca de orientación, desarrollo del carácter, necesidades prácticas y esperanza. Los atletas (profesionales o aficionados) también tienen influencia en los deportistas y niños más jóvenes. Ante esta realidad, nuestro objetivo es enseñar y capacitar a entrenadores y atletas para que vivan y utilicen la función que Dios les ha Dios en beneficio del reino. Nuestro objetivo es hacerlo mediante nuestra aplicación iCoach, weCoach Football Conference y otros recursos, como *The Playbook: A Life Strategy Guide for Athletes* [Una guía de estrategia de vida para atletas].

Desarrollo de recursos

Estamos fomentando alianzas de aprendizaje permanente con las personas a quienes servimos mediante una variedad de materiales publicados. El Dr. Evans ha publicado más de cien títulos únicos (folletos, libros y estudios bíblicos) basados en más de cuarenta años de predicaciones. El objetivo es fortalecer a las personas en su vida cristiana y servir a otros.

Para obtener más información y un ejemplar complementario del boletín devocional del Dr. Evans, llama al (800) 800-3222 (Estados Unidos) o escribe a: TUA, PO Box 4000, Dallas, TX 75208, o visita nuestro sitio en la Internet: www.TonyEvans.org.

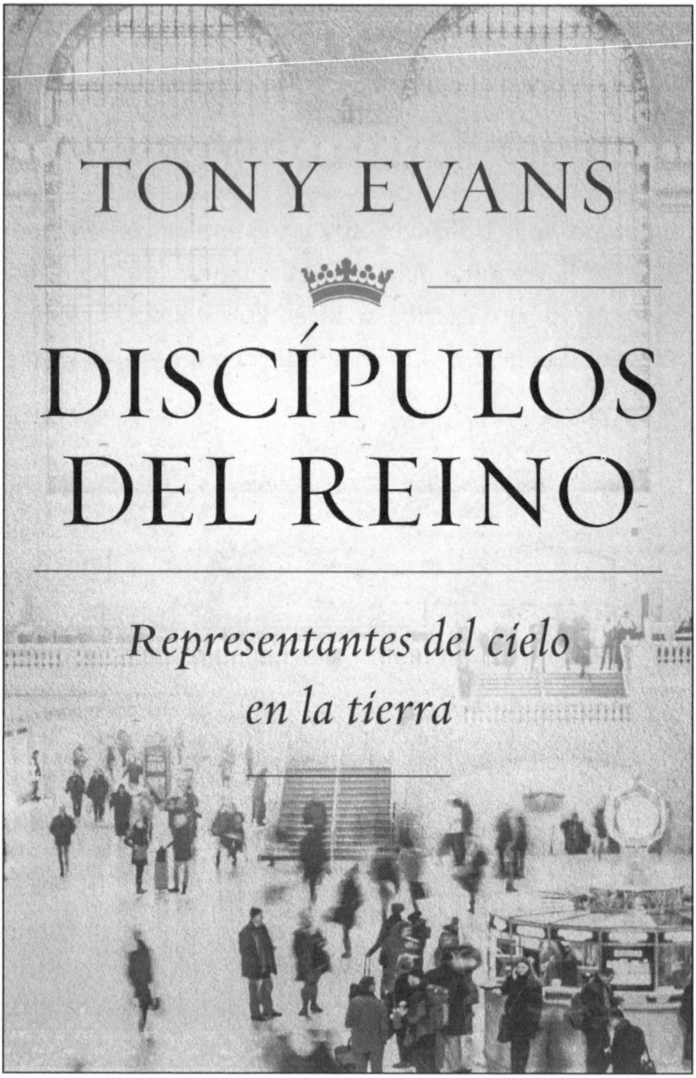
TONY EVANS
DISCÍPULOS DEL REINO
Representantes del cielo en la tierra

Deja que tus palabras ministren y hablen vida al mundo que te rodea.

Este es un recurso convincente para ayudarte a aprender a dominar tu lengua. Con ideas que transforman la vida compartidas a través de lecciones y anécdotas interesantes, aprenderás lo que la Biblia enseña sobre hablar. Sé inspirado por la enseñanza de Tony sobre la lengua y modela con tu boca el carácter de Dios.

EDITORIAL
PORTAVOZ

NUESTRA VISIÓN

Maximizar el efecto de recursos cristianos de calidad que transforman vidas.

NUESTRA MISIÓN

Desarrollar y distribuir productos de calidad —con integridad y excelencia—, desde una perspectiva bíblica y confiable, que animen a las personas a conocer y servir a Jesucristo.

NUESTROS VALORES

Nuestros valores se encuentran fundamentados en la Biblia, fuente de toda verdad para hoy y para siempre. Nosotros ponemos en práctica estas verdades bíblicas como fundamento para las decisiones, normas y productos de nuestra compañía.

Valoramos la excelencia y la calidad.
Valoramos la integridad y la confianza.
Valoramos el mérito y la dignidad de los individuos y las relaciones.
Valoramos el servicio.
Valoramos la administración de los recursos.

Para más información acerca de nuestra editorial y los productos que publicamos visite nuestra página en la red: www.portavoz.com.